全国基本建设考古和文物保护优秀案例

国家文物局　编著

科学出版社
北　京

内 容 简 介

本书按省份排序，介绍了“十四五”以来各地加强城乡建设中的文化遗产保护传承，涌现出的基本建设考古和文物保护优秀案例。相关内容包括各地因地制宜完善“先考古、后出让”配套制度形成的工作模式，基建考古中的精细化发掘理念和多学科合作模式，以及探索开展重要考古发现保护利用模式等。

本书适合考古、文物、文化遗产等方面的管理人员、从业人员、专家学者及爱好者参考阅读。

图书在版编目（CIP）数据

全国基本建设考古和文物保护优秀案例 / 国家文物局编著. -- 北京 : 科学出版社, 2024. 11. -- ISBN 978-7-03-079738-4

Ⅰ. K87

中国国家版本馆CIP数据核字第2024QU8188号

责任编辑：柴丽丽 / 责任校对：邹慧卿
责任印制：肖　兴 / 书籍设计：北京美光设计制版有限公司

科学出版社 出版
北京东黄城根北街16号
邮政编码：100717
http://www.sciencep.com
北京华联印刷有限公司印刷
科学出版社发行　各地新华书店经销

*

2024年11月第　一　版　开本：889 × 1194　1/16
2024年11月第一次印刷　印张：15　1/4
字数：439 000

定价：238.00元

（如有印装质量问题，我社负责调换）

前　言

“十四五”以来，各地落实中办、国办《关于加强文物保护利用改革的若干意见》《关于在城乡建设中加强历史文化保护传承的意见》，积极推进“先考古、后出让”制度，加强城乡建设中的考古和文物保护工作，涌现出一批优秀案例。为更好地促进文物事业高质量发展，国家文物局组织开展了基本建设考古和文物保护优秀案例征集推介活动，全国 27 个省、自治区、直辖市共推荐 78 项申报案例。经过多轮梳理、专家评议推选，遴选了 21 项优秀案例进行重点推介。

21 个优秀案例特色鲜明，凝练了不少协调文物保护与经济社会发展关系、文物保护与利用关系的好做法、好经验。北京城市副中心、河北雄安新区等案例，展示了在区域协调发展、国家重大建设中，文物部门持续开展考古和文物保护工作的成果。江苏南京、四川成都和广东广州等历史文化名城，因地制宜完善“先考古、后出让”配套制度，形成了富有成效的工作模式。山东临淄赵家徐姚遗址、湖北云梦郑家湖遗址等案例，体现了精细化的发掘理念和多学科合作融入基建考古工作。浙江温州朔门古港遗址、陕西西安宇文觉墓等案例，建设工程因重大考古发现调整选址，实现了文物保护与城市发展双赢目标。浙江杭州德寿宫遗址、新疆库车友谊路墓群等案例，建成考古遗址公园或遗址博物馆并对外开放，是重要考古成果服务现代城市和人民群众的典范。

城乡建设中的考古和文物保护是一项长期工作，更是保护好文化遗产，促进经济社会可持续发展的重点工作，任务十分艰巨。希望本书辑录的 21 个优秀案例能够起到示范引领作用，激发各地不断开创工作新局面。国家文物局将持续推介各地基建考古和文物保护优秀案例，总结推广地方创新方法和成功经验，切实提升工作水平，为加强历史文化遗产保护传承、延续城乡文脉贡献力量。

目　录

守护北京城市副中心文化基因

——路县故城遗址考古与保护

供稿单位 / 北京市文物局

供稿人 / 王祯哲

路县故城遗址博物馆效果图

北京城市副中心建设是党中央做出的重大决策部署。北京市文物局按照《北京市地下文物保护管理办法》相关规定，组织北京市考古研究院等单位，在北京城市副中心持续开展大规模的考古工作，抢救保护了大批地下文物，其中路县故城遗址的考古发现获评“2016 年度全国十大考古新发现”。2017 年北京市政府正式批准对路县故城进行原址保护，并规划建设考古遗址公园及博物馆，这是北京首个在城市基本建设考古中完整保护下来并建立遗址公园的大遗址。建设路县故城考古遗址公园，不仅极大丰富了北京城市副中心文化内涵，也为北京基建考古成果保护提供了优秀的案例，极大地推动北京文物保护事业的深入发展。

△ 路县故城考古遗址公园效果图

一　系统开展考古工作

2016 年以来，北京市考古研究院先后完成北京城市副中心考古勘探 87 项，勘探总面积 1237 万平方米；考古发掘 73 项，发掘总面积 24.5 万平方米，发现古墓葬、道路、水井、窑址、房址、灰坑等各类遗迹 1 万余处，出土各类文物 3 万余件（套），出土遗迹遗物数量庞大、类型丰富，而且分布集中、延续时间长，对探索北京地区古代文化面貌具有重要意义。其中，路县故城遗址的发现、发掘与整体保护是北京城市副中心考古最具代表性的工作成果。

▽ 建设中的路县故城遗址展示工程

路县故城遗址位于北京市通州区潞城镇西北部、北京城市副中心行政办公区北部，是一处以汉代路县城址为核心，由城址本体、城郊遗址区和外围墓葬区等构成的大型遗址。截至 2023 年，路县故城遗址已发掘 51000 平方米，发现两汉至明清时期的城墙基址、城壕、房址、道路、水井、窑址、窖藏、炼炉、厕所、沟渠、灰坑等各类遗迹 5800 余处。其中 230 余口两汉时期水井是北京地区首次考古发掘并记录的汉代水井群；发掘出带有战国、西汉时期陶文（分刻划、戳印两种）的各类器物 70 余件，是北京地区出土陶文器物之最；发现的东汉时期竹木简牍，为北京地区汉代遗址的首次发现，是研究路城历史与文化的重要文献资料。

◁ 路县故城遗址东南部发掘区

▷ 路县故城遗址西南部发掘区

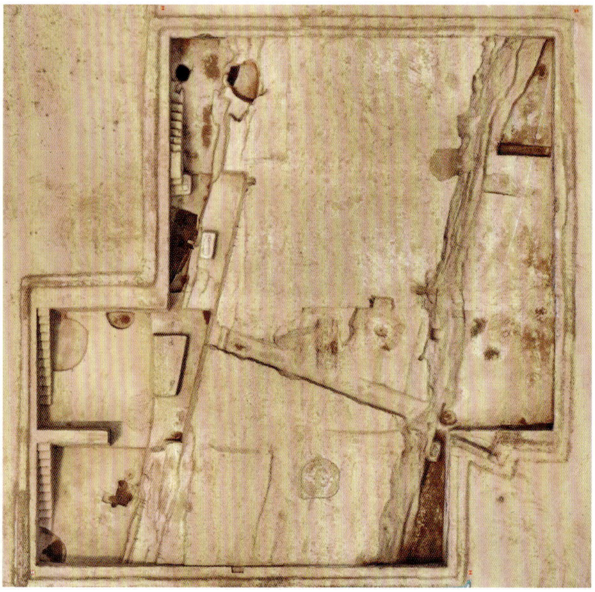

◁ 路县故城遗址道路遗迹

▷ 路县故城遗址东城墙北段

▽ 胡各庄村汉代墓葬群

◁ 路县故城遗址房址

▷ 路县故城遗址陶窑

▽ 路县故城遗址房址

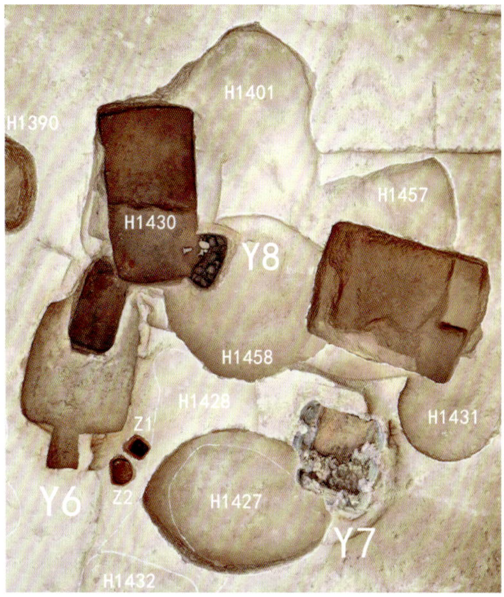

△ 路县故城城郊遗址区

▽ 北京市考古研究院通州临时考古工作站

为保证路县故城遗址考古工作的深入开展，北京市考古研究院建设了通州临时考古工作站，用地面积约4万平方米，内设文物展厅、文物修复和绘图室、文物保护室、科技考古室等，保障了各项考古工作的有序实施。

二　深入阐释遗址内涵

路县故城遗址是北京地区迄今保存基本完整、已经开展并将持续进行系统性考古发掘和研究的唯一一座汉代城址，填补了汉代县级城址考古的学术空白，对北京乃至全国的汉代基层治理组织研究具有标本性意义。

北京市考古研究院积极推进出土文物的科技考古分析研究，通过动物骨骼、植物遗存、铁器、土壤样品的科学检测分析，充分了解了北京地区古代居民生产、生活方式、所处古气候环境及人地关系。路县故城遗址有关研究成果在《中国国家博物馆馆刊》《第四纪研究》等期刊上陆续发表，考古成果在《北京城市副中心考古（第一辑）》结集出版。

三　大力推进遗址保护展示

北京市委市政府多次专题研究路县故城遗址的保护工作，并将其纳入《北京城市总体规划（2016年—2035年）》。2017年，市政府批准路县故城遗址原址保护，并规划建设考古遗址公园和博物馆。2019年《路县故城遗址保护规划》向社会正式公布，《路县故城考古遗址公园概念性设计方案》编制完成，路县故城遗址保护工程正式启动。2021年8月，路县故城遗址被公布为北京市第九批市

级文物保护单位；10 月入选国家文物局《大遗址保护利用“十四五”专项规划》“十四五”时期大遗址名单。2023 年 10 月入选首批北京市考古遗址公园立项名单。

相关规划中的路县故城考古遗址公园总面积 113 公顷，博物馆总建筑面积约 2 万平方米，不仅明确了遗址保护的核心对象与关键区域，还要求结合考古进程及周边城市发展动态，有序推动古代遗址保护融入现代城市建设。目前，路县故城遗址保护展示工程主体结构完成，博物馆外立面封闭完成，预计 2024 年底具备开放条件。路县故城考古遗址公园园林绿化工程一期已全部竣工，具备开放条件，二期预计 2024 年底完成全部建设任务。

四　经验总结

（一）考古先行，强化保障

北京城市副中心考古是北京市践行“先考古、后出让”制度的经典案例，不仅体现出考古工作服务于国家发展大局，还通过动态调整工作机制、大规模引入社会力量等方式，为全市基建考古提供了有益借鉴。

北京市委市政府采取纳入总规、公布市保、展示利用等多种有效措施对路县故城遗址加以整体保护，并对副中心控规进行调整，在建设用地紧张的副中心行政办公区内预留城市绿地，为高标准建设考古遗址公园打下坚实基础。同时，文物与发改、规划、建设、园林等各相关部门紧密合作，使副中心建设与城市考古和谐共赢。

（二）课题引领，科研攻关

依托副中心考古，积极推进重点课题研究，加强路县故城考古学综合研究和出土器物的专题研究，为科学保护和展示利用历史文化资源提供强有力的学术支撑，为全面揭示副中心地区文化面貌、提升京津冀协同一体化文化底蕴提供了重要依据。

△ 路县故城遗址考古研学活动

▽ 路县故城遗址特色科普实践活动

△ 2023 北京公众考古季“踏址寻城——路县故城遗址考古体验活动”

（三）有效保护，融合发展

路县故城考古遗址公园的建设将进一步落实城市副中心“一河三城”整体保护要求，创建历史文化展示窗口。同时作为大运河文化带建设的重要节点，遗址公园将充分发挥吸引力、吸附力和传承力，丰富公众文化体验，助力全国文化中心建设。

（四）活化利用，成果共享

依托通州考古工作站、遗址发掘区，持续开展多种形式的公众考古活动，通过组织现场观摩、举办学术讲座、邀请媒体宣传等方式，深入阐释副中心考古成果，打造北京公众考古品牌，引起了热烈的社会反响，进一步加深了公众对考古工作的了解，加强了地下文物保护工作成果的传播，促进了文化遗产保护与活化利用。

考古前置 雄安模式

供稿单位 / 河北省文物考古研究院

供稿人 / 张文瑞　雷建红

2017 年 4 月 1 日，新华通讯社受权发布：中共中央、国务院决定设立河北雄安新区。七年来，雄安新区强力推进市政设施，生态环境整治，铁路、公路、机场等重大基础设施和公共服务配套项目建设，新区建设如火如荼，日新月异。在雄安新区这片土地上，看到的不仅仅是城市建设者穿梭忙碌的身影，还有文物工作者往来于城乡之间留下的足迹。正是考古工作的提前介入，为雄安新区规划建设腾挪了空间，保障了雄安新区建设的顺利进行，雄安新区的考古工作开创了“先考古、后出让”考古前置的雄安模式。

古州城遗址

一　与时间赛跑，抢在雄安建设规划的前面

2017 年 4 月，河北省文物考古研究院编制完成《河北雄安新区考古调查计划》。6 月，在国家文物局和河北省文物局推动下，国家和省级文物考古研究机构组成 9 支雄安新区联合考古队对雄安新区全境开展考古调查。到 12 月底，完成雄安新区三县的 33 个乡镇，640 个行政村，2000 平方千米的田野考古调查工作，共发现不可移动文物 263 处。以此为基础，2018 年 4 月，编制完成了《雄安新区文物调查专题报告》，由省文物局提交给雄安新区建设规划部门，将文物保护纳入雄安新区建设总体规划。

△ 河北省文物考古研究院雄安新区文物保护与考古工作站效果图

▷ 东小里—白龙西南墓地发掘区

考古调查现场

考古发掘现场

考古勘探现场

雄安新区联合考古队

二　开展遗址价值评估，采取分类保护措施

针对雄安新区 263 处不可移动文物中地下文物遗存埋藏多、地上文化遗存分布少的实际情况，河北省文物考古研究院组织专家借鉴三峡、南水北调工程文物保护经验，根据不可移动文物所蕴含的历史、艺术、科学价值，及其保存完整性、真实性，对雄安新区文物遗存进行充分评估，将 263 处不可移动文物分为 A、B、C、D 四个等级，建立雄安新区文化遗产分类保护体系，按照不同等级，采取重点保护和有效保护措施，并以此为基础，编制雄安新区文物保护总体规划，将文化遗产保护与雄安新区建设规划有效衔接，促进文化遗产在雄安新区建设中得到传承和发展。

三 考古前置，助推新区建设

为支持雄安新区工程建设项目审批制度改革，推进起步区规划建设，在雄安新区管理委员会的支持下，2021年10月以来，河北省文物考古研究院提前开展雄安起步区200平方千米考古勘探、发掘工作。对白龙、李茂等35处遗址进行考古勘探，勘探面积约197万平方米；对午方遗址、沙窝墓群、张六西遗址、郭村遗址等13处遗址进行考古发掘，发掘面积7500平方米，清理不同时期墓葬244座，取得丰硕考古成果。同时，根据文物保护需要，雄鄚路二期工程、环淀路一期工程修改设计方案，避让文物遗存，新方案增加成本近1.3亿元，确保了工程建设中文物得到有效保护。

△ 宋辽边关地道

▽ 文化和自然遗产日发掘工地体验场景

为支持雄安新区重大交通、水利、安居等基本建设工程顺利实施，河北省文物考古研究院开展了雄安至忻州高铁、雄安干渠建设等8项考古调查工作，调查面积81平方千米；开展了北京至雄安高速公路、雄安截洪渠工程建设等9项考古勘探工作，勘探面积78万平方米；同时开展仇小王遗址、郭村墓群、西河墓地、张市南遗址4项基本建设工程中的抢救性考古发掘工作，发掘面积2160平方米，清理古墓葬83座，不仅为雄安重大项目的顺利开展提供了有力保障，也有效地保护了文化遗产，并取得了重要学术成果，以实际行动确保了工程建设中文物得到妥善保护。

▽ 西河墓地发掘区

△ 出土遗物洁牙机除锈

▷ 出土遗物超声波清洗

四　现代科技手段应用，提升考古科技含量

开展雄安新区环境考古工作，使用遥感影像、RTK、激光测高仪、标准土色卡等协助开展调查工作，对白洋淀区域106处自然地理剖面进行了调查和记录，建立了晚更新世晚期以来雄安新区地层的时空框架，复原了区域河湖演化的过程。同时，重建南阳遗址两汉时期生态环境，为雄安新区建立可持续发展生态城市提供了重要科学依据。

开展雄安新区中期发展区200平方千米范围机载激光测绘工作，获取区域机载三维激光点云数据，通过相关软件和方法进行滤波等数据处理分析。将数字正射影像、被过滤植被及房屋后的地面数字高程模型数据，与历史航空影像、历史考古资料、年度调查结果叠加分析，显示出遗迹现象疑似点与古河道等详细情况，为实地勘察提供佐证。

五　以雄安考古为契机，推进考古勘探、发掘标准化建设

△ 南阳遗址

结合雄安考古调查、勘探和发掘工作，建立起河北考古综合业务管理平台，通过各个考古发掘项目时空信息采集、处理、存储管理、分析、应用和展示等技术创新集成，实现了考古数字化资料的安全存储、快捷检索与分析研究规范化管理标准。广泛推广使用无人机航拍、航测、RTK 测绘、GIS 系统测绘、三维扫描和影像重建以及高清、近景及延时摄影测绘等技术手段，提高考古技术工作精准和效率，极大地丰富了田野遗迹信息提取的广度和深度。数字化考古技术的应用、推广，极大提高了考古发掘工地管理水平与考古发掘质量，为河北省考古工作树立了“雄安标准”。

六　推进南阳遗址考古遗址公园建设，打造雄安历史文化金色名片

2020 年发布的《河北雄安新区起步区控制性规划》对南阳遗址的未来发展进行了清晰规划。基于保留区域历史文化记忆、传承延续历史文脉的考虑，南阳遗址将创建国家考古遗址公园。目前南阳考古遗址公园正处于规划编制阶段，其中核心遗址区域将形成遗址探访路线和多样体验路线相结合的遗址展示体验空间，通过串联多维度历史文化场景，向公众展示雄安的历史文化脉络和遗址的价值内涵。南阳考古遗址公园将立足于雄安城市文化发展设想，成为探索雄安根脉的文化展示窗口、遗址内涵与城市绿地高度融合的科创交流中心和具有文化底蕴和特色的城市会客厅。

雄安新区考古前置工作，不仅促进了新区经济建设，而且凸显了雄安新区在基本建设中坚持“把历史文化遗产保护放在第一位”文物保护优先的决心和理念，在全省文物保护和考古工作中发挥了引领和标杆示范效应，为完善“先考古、后出让”制度提供“雄安经验”。

公众考古活动

全面推动考古前置改革

——探索山西文物保护与经济社会发展新路径

供稿单位 / 山西省文物局

供稿人 / 任海云　梁　军　白雪冰

“十四五”以来，山西省重点推进建设用地考古前置改革，做好制度设计，完善配套政策，加强考古工作质量管理，努力探索新时代经济社会发展与文物保护新路径。

高平市第十中学项目考古发掘区

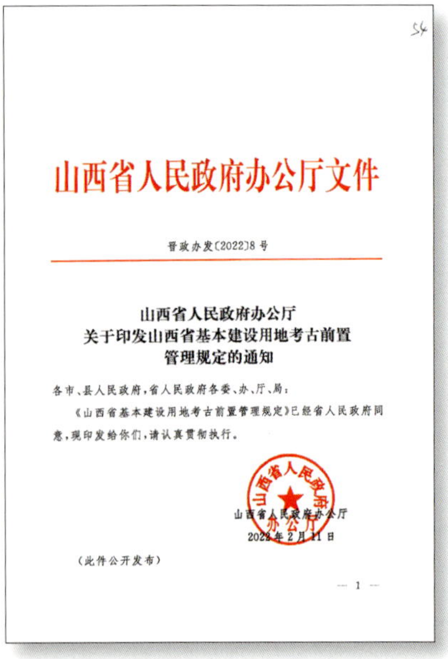

山西省人民政府办公厅文件

晋政办发〔2022〕8 号

山西省人民政府办公厅
关于印发山西省基本建设用地考古前置
管理规定的通知

各市、县人民政府，省人民政府各委、办、厅、局：

《山西省基本建设用地考古前置管理规定》已经省人民政府同意，现印发给你们，请认真贯彻执行。

山西省人民政府办公厅

2022 年 2 月 11 日

（此件公开发布）

— 1 —

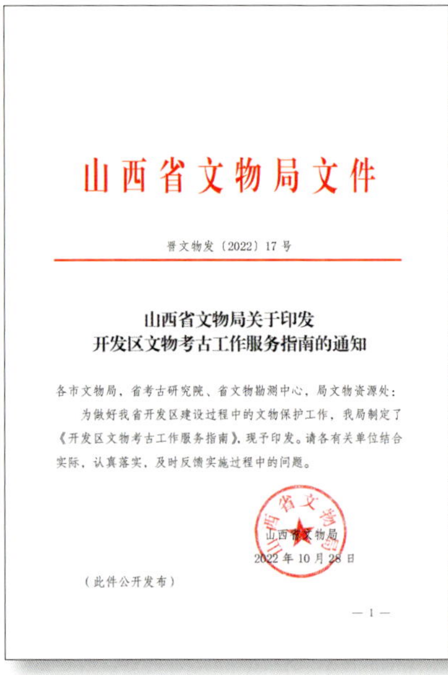

山西省文物局文件

晋文物发〔2022〕17 号

山西省文物局关于印发
开发区文物考古工作服务指南的通知

各市文物局，省考古研究院、省文物勘测中心，局文物资源处：

为做好我省开发区建设过程中的文物保护工作，我局制定了《开发区文物考古工作服务指南》，现予印发。请各有关单位结合实际，认真落实，及时反馈实施过程中的问题。

山西省文物局

2022 年 10 月 28 日

（此件公开发布）

— 1 —

考古前置配套政策文件

一　精准谋划，制定完善配套政策

2020 年起，结合文物保护工作的新形势、新要求、新任务，山西省文物局着手起草《山西省基本建设用地考古前置管理规定》，经过调研、专家多轮研究讨论、征求相关单位意见、法核等系列程序，2022 年 3 月山西省政府办公厅出台了该规定。规定中确定相关部门工作职责，细化考古调查勘探发掘工作要求，明晰工作时限。针对前置管理规定并未明确考古调查勘探进入拟收储（出让）土地的时间节点，山西省文物局联合省自然资源厅、省财政厅起草并于 2022 年 6 月印发了《山西省基本建设用地考古前置管理规定操作细则》，进一步明确土地收储（出让）前考古前置工作介入的时间节点，确保前置管理规定更具有操作性。近两年来，全省 11 市落实省政府考古前置管理规定，结合本地实际，均已制定详细的实施方案或管理办法。省、市两级规范性文件的出台，有力保障、推动山西省建设用地考古前置工作全覆盖，促使考古调查、勘探流程进一步优化、规范。

2022 年起，山西省自然资源厅全面推进开发区“标准地”改革，要求用地单位拿地前必须完成 7 项评价，文物评估即为其中之一。针对山西省开发区数量多、规划面积大、建设需求多的特点，为做好开发区文物评估，2022 年 12 月，山西省文物局研究制定了《开发区文物考古工作服务指南》，以口袋书形式提供给省自然资源厅、省商务厅以及全省 93 个开发区管委会，并以之为指导重点组织开展工业类开发区文物评估。

此外，适应新时代文物保护要求，加强地下文物保护管理，2023 年 1 月，山西省政府公布了《山西省地下文物保护管理办法》。

山西考古工作联盟成立暨考古工作调度会

二 加强统筹，全力推动考古前置

（一）主动服务，建立健全工作机制

改变过去“被动跟进”工作模式，成立由山西省文物局牵头、市县文物主管部门、考古机构参与的文物考古工作专班。建立文物专管员和考古工作定期调度制度，成立全省考古工作联盟。2022 年起每个季度召开一次全省考古工作调度会协调考古前置实施中的问题，构建全省考古工作“一盘棋”。开展全代办服务活动，按照谁受理谁负责的原则，指派专人跟踪、协助开发区管理委员会或建设单位推进项目用地范围内的考古前置工作。

△ 2022 年 8 月 10 日，山西省文物局联合省自然资源厅、省商务厅在侯马市召开“考古工作服务项目建设推进会”

△ 开展开发区文物评估专项行动

▽ 对开发区规划范围内区域进行大孔距勘探了解地层堆积状况

2023 年，为全面掌握全省考古前置改革推进情况，破解改革中出现的新问题、堵点等，结合主题教育学习活动，山西省文物局将考古前置改革列为专题调研内容之一，深入了解省内考古前置改革情况，系统梳理发现的问题，形成专题调研报告，为进一步完善政策机制、深化改革提供了重要依据，同时也是推动考古前置实现全覆盖的重要举措之一。此外，考古前置全覆盖连续三年被列入省政府对各市年度目标任务专项考核中，对照当年度土地收储（出让）计划、建设工程项目清单和考古调查勘探清单，实行严格扣分制，有效促进了考古前置的全覆盖。

△ 大同新荣经济技术开发区花园屯产业园北魏墓

▷ 阳泉高新技术产业开发区物流园 A11 地块元代 M15 戏曲人物壁画及题记

▽ 阳泉高新技术产业开发区物流园 A11 地块元代 M15 墓顶彩画

阳泉高新技术产业开发区物流园 A11 地块元代 M6 墓室内景

（二）加强联动，实现信息互通共享

建立多部门联动机制，文物、自然资源等有关部门建立厅际联席会议机制，确保信息对等共享，会商推进开发区、标准地文物保护评估及建设用地考古前置工作。2022 年 8 月，山西省文物局、省自然资源厅、省商务厅联合在侯马市召开考古工作服务项目建设推进会，以会代训，加大文物保护评估、标准地改革政策宣传指导。省文物局联合省商务厅、省交通厅、省行政审批服务管理局等，加强考古前置政策解读，消除开发区管委会对文物保护评估及考古前置工作的认识误区和顾虑。同时，先后对运城、忻州、朔州、大同、阳泉等市文物考古管理人员和专业力量进行政策、管理、业务等方面的培训，提升管理能力和业务水平。

（三）规范管理，考古前置稳进有序

2020 年以来，省、市文物主管部门厘清职责，加大对考古调查勘探、发掘项目的过程管理，组织专家尽可能对实施的勘探、发掘项目进行中期检查和全覆盖结项验收，同时委托山西省考古研究院对省、市级考古发掘力量进行连续四个年度的培训，推动提升考古工作质量。2020 ～ 2023 年，山西完成考古调查勘探 4212 项，完成考古发掘近 600 项，组织古墓葬、陶窑址等搬迁保护 20 余项，保护价值较高的仿木构砖室墓、壁画墓以及各时期陶窑、房址等 60 余座，原址保护偏关天峰坪遗址、离石德岗遗址、永济晓朝遗址、汾阳冯郝沟新石器遗址、大同铁牛里北魏塔基遗址等，有效保护了一批地下文物。

▽ 高平市第十中学明代 M3058 墓室砖雕、彩绘

三　层层递进，科学开展文物评估

开发区是山西省重大、重点项目实施的主要依托区域，针对开发区建设用地面积较大、勘探时限与用地时间紧迫的突出矛盾等问题，山西省成立由第四纪地质、考古、古建筑等专家构成的文物评估专家组，统筹省、市考古勘探力量，分三个阶段推进开发区文物评估，服务全省经济建设大局的同时，做好文物保护工作。

第一阶段是开展考古调查。2020 年 3 月起，组织山西省文物勘测中心，联合省考古研究院，主动上门对接开发区管委会，介绍文物评估政策，集中力量完成 20 余个超大型开发区规划范围的考古调查，核实不可移动文物分布情况，编制考古调查报告后反馈开发区管委会。这项工作为精准划定开发区不同区域奠定了基础。

第二阶段是开展文物评估试点工作。2022 年，着手起草开发区文物考古工作服务指南时，先后以长治长子县防洪排涝工程（1600 亩[①]）、侯马和兴县经济技术开发区为文物评估试点，组织省文物勘

▽ 高平市第十中学项目Ⅱ区西部部分墓葬

① 1 亩≈666.667 平方米。

已完成的部分开发区文物评估文本

测中心梳理拟评估区域地质地貌、历年考古工作资料，再赴实地进行考古调查，大孔距布孔钻探了解地层堆积，初步划出项目或开发区拟用地区域的避让区、勘探区、释放区，形成分别以红、黄、绿色块区分的评估成果图，然后编制文物评估报告等。同时，省文物局组织专家审核评估成果，尽可能保证评估结果的科学性、准确性。

第三阶段是全面推进文物评估。2022 年 12 月至 2023 年 10 月，依据前期积累的大量经验，调度全省考古力量，开展开发区文物评估专项行动，全面推进全省工业开发区文物评估工作。结合文物资源地域特点，完成了全省 56 个开发区的文物评估，在精准圈定考古勘探区域（地下文物可能埋藏区）的基础上，释放不符合地下文物埋藏规律土地共约 45941.19 万平方米，开发区管委会向省文物局提交书面承诺书后可不开展考古勘探，初步探索出一条文物保护与经济建设协调发展的路径。

2023 年 10 月 8 日，山西省政府新闻办举行考古前置改革工作新闻发布会，公布山西省考古前置改革成效，助力全社会参与文物保护，营造浓厚文物保护氛围。

坚持“先考古、后用地”实现文物保护与城市建设双赢

——考古前置助力南京古都建设的实践与探索

供稿单位 / 南京市文物局

供稿人 / 郑孝清　童　莉

大报恩寺遗址博物馆

南京是国务院公布的第一批历史文化名城，素有“六朝古都”“十朝都会”的美誉，悠久的历史给这座古城留下了璀璨的文化遗产。近年来，南京市深入学习贯彻习近平总书记关于文物工作重要论述精神，始终坚持“先考古、后用地”，统筹处理地下文物保护与古都型城市建设发展的关系，探索出了“立法先行、部门联动、建强队伍、分类保护”的基建考古“南京模式”，实现文物保护与城市建设“双赢”。

一 基本情况

1999年南京市在全国率先提出“地下文物重点保护区”的概念，明确在全市15个“地下文物重点保护区”建设前完成考古工作。2016年提出了考古工作“关口”前移，在全国率先实施建设用地“先考古、后出让”举措，彻底改变了考古工作跟随建设项目开展的被动局面。近六年，南京市共完成考古调查勘探项目1483个，合计面积1.557亿平方米，完成考古发掘约22.58万平方米，出土各类文物标本26000余件。依法应开展的考古项目，出让前完成考古率100%。

南京市结合老城保护、城市更新的规划设计，根据文物本身价值评估，充分探索“规划避让、规划融合、迁移保护”三种模式分类实施考古新发现的保护展示，结合居民小区、学校、地铁交通等

△ 明故宫遗址

▷ 大报恩寺遗址

建设尽可能原址保护、融合保护，实现了文物保护与城市建设的有机结合、协调发展。近年来，共计保护展示重要文化遗存 40 余处。其中，最重要的是明故宫皇城遗址（西南片区）、黄泥塘大报恩寺遗址、西街遗址、官窑山明代窑场遗址、西营村南唐窑业遗存与南朝寺院建筑基址、五佰村丁奉家族墓葬、南宋建康府贡院建筑基址等，极大地延伸了南京的历史轴线。

二　主要做法

（一）立法先行，强化“先考古、后用地”支撑

1999 年市人大常委会出台《南京市地下文物保护管理规定》，明确“先考古、后建设”。2016 年市政府出台《南京市地下文物考古工作办法》，明确提出“先考古、后出让”。2019 年施行的《南京市地下文物保护条例》将“先考古、后出让”以地方性法规的形式予以细化明确。2019 年制定《关于进一步推进在土地收储入库前开展文物勘探工作的实施意见的通知》，将考古明确提前到土地收储入库前。

△ 明故宫皇城遗址（西南片区）

▽ 鼓楼区天妃宫小学项目发掘区

石榴新村遗址

（二）部门联动，形成基建考古统筹合力

市政府建立了土地出让、土储计划等联席会议制度加强考古前置监管，保证建设用地成为真正意义上的“净地”。市文物部门履行地下文物保护和监督管理职责。市规划部门负责及时向文物部门提供年度土地出让计划，并督促土储单位在土地出让前依法申请考古调查、勘探，把完成考古作为建设项目规划审批的前置条件。各区政府、市各有关单位、各开发园区负责本辖区地下文物保护工作的组织领导，全面落实土地储备和项目建设的考古前置工作。

（三）建强队伍，提升考古业务管理水平

由于考古前置全覆盖，出现了考古力量不足、人员短缺等短板，市委市政府及时采取有力措施，2017 年以南京市考古研究所为基础成立了南京市考古研究院，并实施两次增编将人员增至 60 名。2017 年以来面向全国开放考古勘探市场，2023 年创新实施框架协议采购方式公开征集考古调查、勘探服务和考古发掘普通用工服务，为考古工作提供极大助力。文物部门相继制定《南京市考古发掘管理规定》《考古项目普通用工预决算管理办法》等业务管理制度，加强事前、事中、事后监管，确保考古工作质量及文物安全。

（四）分类保护，化解保护与发展的矛盾

规划避让模式。通过考古前置发现重要遗址的，尽最大可能协调建设规划避让文物遗存，采取原址保护的方式进行保护展示利用。近六年，有明代官窑山遗址、西街越城遗址、西营村南朝佛寺遗址、五佰村丁奉家族墓等 10 多处遗址采用建设遗址公园的方式进行保护展示。

规划融合模式。由于用地条件限制，不能采取改变规划实现文物保护要求的，采用建设与保护相结合的办法，实现因地制宜的原址保护。近六年，有石榴新村城市更新、六合区复兴中学地块、鼓楼区天妃宫小学地块、市公安局业务用房翻建项目等 7 处重要地下文物遗存以与建设规划相结合的手段，得到了有效保护。

▽ 西街遗址

△ 五佰村丁奉家族墓葬

迁移保护模式。随着原始地貌的不断变化，有些地下文物遗存难以进行原址保护的情况下，根据文物安全需要采取了迁移保护措施。近六年，对 15 处考古发现的文物遗存进行迁移保护，实现了文物遗存的妥善保护，保证了重大建设项目顺利推进。

三　经验启示

（一）思想统一是前提

文化遗产保护事业必须以习近平总书记加强历史文化遗产保护重要论述统一思想、提高认识、凝聚力量，除了文物部门外，要整合各级政府、规划部门、各级平台等单位力量，压实各相关职能部门地下文物保护工作责任，形成各部门大力协作、配合和支持的工作合力，才能真正做好文化遗产保护。

▽ 官窑山明代官窑遗址保护展示效果图

（二）法规建设是基础

坚持考古先行是有效保护地下文物、促进城市高质量发展的路径。近年来，因受种种因素的影响，工程建设破坏地下文物的现象屡屡发生，增强考古前置的刚性要求、构建较为完善的法规制度体系至关重要。南京对于此项工作进行了二十多年的法规、制度体系建设，实现了考古前置法定化、操作文件配套化、考古收费规范化，为全市推进“考古先行”全覆盖奠定了坚实基础。

△ 六合区复兴中学项目发掘区

▽ 西营村南唐窑业遗存与南朝寺院建筑基址

（三）机制创新是保障

考古前置政策推进，要依托行之有效的部门联动、联席会议、前置审批、专家评审等工作机制，加强前置程序把关监管；要积极简化基建考古审批流程，文物与城建部门建立建设项目审批部门联办机制，减少审批环节，缩短审批时间，实现审批服务便民化。

（四）统筹协调是关键

文物保护和城市建设实现“双赢”，关键在于统筹协调。既不割裂遗迹（址）的“整体性”，又不丧失遗迹（址）的“原真性”，注重文物保护工作与国土空间规划、历史文化名城保护规划的衔接，通过因地制宜的保护缓解与城市建设尤其是老城改造、城市更新的矛盾，促进遗迹（址）社会资源属性的有效激活，最大实现公共文化作用。

拨云见日　鉴古知今

——隋炀帝墓保护展示

供稿单位 / 扬州城大遗址保护中心（隋炀帝墓遗址管理处）
供稿人 / 匡朝晖　余国江

隋炀帝墓位于江苏省扬州市邗江区西湖街道司徒村曹庄，2013 年在地产项目建设工地前期考古勘探中发现，经过科学考古发掘，出土隋炀帝墓志、十三环蹀躞带等珍贵文物 400 余件（套），被确定为隋炀帝与萧后的终葬之地。为了原址保护展示这一珍贵的文物资源，扬州历时十年，建成隋炀帝陵遗址公园，2024 年 2 月，遗址公园试运行开放，受到社会各界的广泛关注，成为扬州文旅融合、文物活化利用的新亮点，取得了良好的社会效益和文化传播效果。

隋炀帝陵遗址公园

一　凝聚合力，高标准开展考古发掘工作

隋炀帝墓位于扬州地下文物埋藏区“甘泉—杨庙战国至五代墓葬埋藏区”范围内。2013 年 2 月，扬州市文物考古研究所在配合基建考古过程中发现两座隋唐砖室墓，后出土“随故炀帝墓志”。在国家文物局的指导下，该项目由基建考古发掘及时转变为主动性考古，依据帝陵的规制，重新编制考古调查、勘探、发掘工作方案。4 月至 11 月，南京博物院、扬州市文物考古研究所、苏州市考古研究所联合组队对墓葬及周边进行了考古勘探和发掘，经过科学的考古发掘和研究，明确了墓主人身份、葬制、陵园布局等，取得了重要的考古成果。

隋炀帝墓的发现和发掘产生了重大的学术和社会影响，被评为“2013 年中国考古六大新发现”“2013 年度全国十大考古新发现”。2019 年，国务院将隋炀帝墓公布为第八批全国重点文物保护单位。2023 年，江苏省将隋炀帝墓遗址公园纳入省级考古遗址公园立项名单。

▽ 隋炀帝陵博物馆

△ 隋炀帝陵遗址保护厅内景

二　稳扎稳打，高质量完成保护建设工程

隋炀帝墓考古发掘工作完成后，扬州市委市政府决定对其进行原址保护展示，高标准建设考古遗址公园。整个考古遗址公园投入2.1亿元，占地面积11.07万平方米，以隋炀帝墓为核心，陈列展示出土文物、考古成果、隋炀帝与大运河、隋炀帝与扬州历史渊源等内容。

为做好隋炀帝墓的保护工作，扬州市委托专业单位编制了《隋炀帝墓地下防渗漏工程设计方案》《隋炀帝墓保护设施设计方案》《隋炀帝墓墓葬本体抢救性保护工程设计方案》《隋炀帝墓环境整治及景观塑造设计方案》等。

地下防渗漏工程。墓葬所处区域地下水水位长期偏高，地下水上侵及侧向地下径流对墓葬保护展示造成极大影响。2018 年 8 月至 2020 年 1 月，实施墓葬本体地下防渗漏工程。经监测，工程竣工后未发生渗水积水现象，工程效果良好。

保护设施工程。2019 年 10 月至 2021 年 12 月，实施隋炀帝墓保护设施工程，保护设施建筑面积 3228 平方米，设计借鉴隋唐时期帝王陵墓“覆斗”外形，并与传统建筑庑殿顶形式相结合，被誉为“落地的皇冠”。

墓葬本体抢救性保护工程。2021 年 11 月，实施墓葬本体加固和抢救性保护工程，解决耳室甬道严重变形、墓砖酥化霉变等问题。

环境整治及景观塑造工程。2021 年 12 月至 2023 年 12 月，实施环境整治及景观塑造，以隋炀帝墓为核心，建设入口引导区、广场过渡区、墓葬本体展示区、历史环境阐释区、出土文物陈列馆区等主题节点。

▽ 隋炀帝陵遗址保护厅与镜鉴池

△ 隋炀帝与萧后墓

三　持续发力，高水平推进展示利用项目

为第一时间向社会公众展示隋炀帝墓最新考古成果，2014 年 7 月在扬州博物馆举办了“流星王朝的遗辉”展览，2015 年 4 月在隋炀帝墓大棚内修建了木栈道和墓葬出土文物图片牌，2016 年 11 月至 2018 年 6 月，在隋炀帝墓东南社区口袋公园建设了游客服务中心和“隋炀帝墓考古成果图片展”，2017 年 9 月在扬州博物馆举办了“花树摇曳　钿钗生辉——萧后冠实验室考古与保护成果展”。2019 年扬州市文物考古研究所等单位编著出版《花树摇曳　钿钗生辉——隋炀帝萧后冠实验室考古报告》。此外，2015 年召开了“隋炀帝与扬州”国际学术研讨会，2023 年召开了第二届“隋炀帝与扬州”学术研讨会，共同推进相关研究工作。

△ “千秋大业——隋代历史展”

▽ “帝陵探秘——隋炀帝陵考古成果展”

△ “水殿龙舟”体验区

2024 年 2 月，隋炀帝陵遗址公园建成并对外试运行开放。遗址公园由清华大学建筑设计院设计，主体建筑为帝陵遗址和博物馆，内部原址展示了隋炀帝与萧后砖室墓穴，以及星象图、沙盘、3D 影幕等。围绕帝陵遗址还布设有青史朗鉴、隋唐历史展示、琼花苑、隋皇诗碑等景观。隋炀帝陵博物馆分为一层的“千秋大业——隋代历史展”和负一层的“帝陵探秘——隋炀帝陵考古成果展”，综合运用图文、实物、模型场景、声光电、多媒体互动等手段，系统展示了隋代历史和隋炀帝陵考古发掘出土的精美文物。

隋炀帝陵遗址公园开放后，人民网、《新华日报》、新加坡《联合早报》等进行了专题报道。试运行开放至今，共接待游客 12.8 万人，成为扬州北郊一处集遗址保护、旅游休闲、科普教育等功能于一体的新地标、新网红。

▷ “科举”活动区

▷ 开展“碑上碑下”研学活动

▷ “碑上碑下”研学活动课堂

让遗址生长，让文物说话

——杭州德寿宫遗址的保护展示和利用

供稿单位 / 南宋德寿宫遗址博物馆
供稿人 / 周　佶　付国静　林玉婷

德寿宫遗址博物馆

德寿宫作为南宋初期的政治中心之一，是南宋临安城内一处极其重要的皇家宫苑，是南宋礼制规格等级最高的建筑之一。2022 年 11 月建成的南宋德寿宫遗址博物馆是依托德寿宫遗址原址，集遗址本体及出土文物保护、研究、收藏和展示于一体的专题博物馆。

△ 德寿宫遗址博物馆外景

一　充分进行复原研究，系统开展遗址保护

研究是贯穿德寿宫遗址保护工程的生命线。德寿宫遗址受限于发掘面积、潮湿地区土遗址保护以及旧城改造中的经济效益平衡等因素，在省市区文物局牵头下，各方专业力量共同围绕政策法规、考古发掘、遗址保护等开展的系统研究，成为打通这一系列问题的钥匙。

（一）规划先行，德寿宫建设与城市发展齐头并进

德寿宫遗址位于浙江省杭州市上城区小营街道。20世纪80年代，首次发现德寿宫西宫墙；2001年，在望江路拓宽工程中发现宫墙南部、东部基址。后来随着该区域拆迁出让，就进行做文物保护还是商业开发建设，经历了十多年的协商。最终在多方努力下，2013年

出台的《临安城遗址保护总体规划》，对德寿宫遗址地块的规划特别在保护范围上有了明确的规定，相关保护方案也逐步形成。经国家文物局批准，于 2017 年开始全面发掘，2020 年底开工建设遗址博物馆，放弃商业地产的开发，在城市中心建立一座地标性的遗址博物馆，取得经济效益和社会效益的平衡，可以说找到了文物保护与城市建设的最优解。

（二）久久为功，临安城考古最全面的一次发掘

德寿宫遗址藏在距地面 2.5 ～ 4 米深处，经过近 30 年先后 4 次的考古发掘，目前揭示的德寿宫遗址面积近 7000 平方米，出土各时期文物 6696 件（组），发现有大型宫殿基址、砖砌道路、假山基础等遗迹。根据地层及遗迹之间的相互叠压关系，并结合历年发掘情况及文献记载，可将南宋时期遗迹分为四期，以第三期重华宫（慈福宫）时期保存最好、规模最大。

▽ 重华殿保护设施

◁ 遗址发掘区

（三）积极探索，新技术为土遗址保护保驾护航

德寿宫遗址位于杭州市中河边，面对南方潮湿地区土遗址保护这一世界性难题，博物馆对遗址的病害进行了系统全面的防治监测。经过专家充分论证后，针对砖、石、土、木等不同材质的遗迹，采用“防水+黑屋+控温控湿”新模式：引进了岩土工程最先进的TAD工法砌筑了止水帷幕，杜绝地下水的影响；建造隔绝自然光的“黑屋子”保护厅棚，阻隔大气降水；进行微生物和病虫害防治；控温控湿，采用全空气风冷热泵通风系统，强调物理保护为先；同时坚持365天不间断监测及数据分析。

二　标识性展现建筑形体，数字化复原沉浸体验

由于德寿宫遗址本身叠压打破关系复杂，遗迹可看性不强，观众难以理解，博物馆采用了“遗址本体展示、室内陈列展示、数字化复原展示”相结合的展示方式，对遗址进行全面解读。

（一）细心考据，形象真实再现宋代宫廷建筑

在遗址本体之上，结合前人研究成果，梳理《思陵录》等历史文献，明确建筑组群相对位置关系；从出土建筑构件、传世绘画并结合《营造法式》进行印证；同时在江浙南宋时期建筑实例中找到参考。原址原位原尺度尽可能再现宋代宫廷建筑，最终建成了一组陶瓦、木结构、五开间单檐歇山顶的重华宫建筑群。

▽ 西区遗址

（二）科技赋能，创新性数字化解读遗址

在复原研究基础上，打造“数字化+遗址”，沉浸式解读遗址信息。在4500余平方米的空间里有10余处数字化“打卡点”，用到的虚拟数字技术包括3D互动装置、AR增强现实、动态长卷等。

中区遗址采用CAVE空间投影技术，三折超大屏幕让观众身临其境感受高宗寿庆经典场景。在西区遗址，借助遗址区各处投影和AR透明屏，生动再现“叠石理水”“暗渠叠压”“四时游园”的南宋皇家园林景致，感受孝宗笔下的“壶中天地非人间”。

（三）精心布展，全面系统展示南宋社会发展全貌

为展现杭州历史文化名城的风貌，在博物馆中开辟出南宋历史文化陈列展厅。展厅中陈列了龙泉窑青釉六方七管占景盆等临安城及德寿宫出土文物190余件（组），从南宋历史、经济文化、科技与贸易等多个方面解读南宋文化。

△ 南宋历史展厅

▽ 慈福宫保护设施

△ 中区遗址数字化影片展示

为展现德寿宫的历史沿革，在二楼的复原大殿中，陈列了高宗与孝宗、官员共商国家大事场景以及博古雅玩、茶饮休憩的经典场景；在遗址展区设置“德寿宫考古记述”“临安城考古发掘与城市布局”专题展览，进行考古知识解读。同时设计合理的参观路线，与德寿宫轴线序列相契合。

三　全面展现南宋风貌，密切融入百姓生活

遗址博物馆不仅要“活起来”，还要“火起来”。让博物馆越来越有“看头”，让文物更加鲜活地走进百姓生活中，保持公众与文化遗产的双向奔赴，是博物馆维持热度，实现从“网红”到“常红”的不二法门。

（一）服务公众，开展多彩展教活动

开馆以来，博物馆共接待游客接近 160 万。游客在德寿宫可以获得多方位的服务和体验。仅导览服务一项，博物馆提供每日免费公益讲解、十二国语音自动导览、虚拟代言人 AI 讲解以及针对听障人士的手语导览等；同时开发德寿云览导览平台；推出沉浸互动式角色扮演游戏；开展 7 场文物创意临展；推出“宋韵奇妙夜”“丹青中国心”等大型文旅活动及电视节目 30 余场，网络传播达百亿量级，实现文旅深度融合。

▽ 西区慈福宫及相关苑囿遗址区方亭水池数字化展示

△ “杭州奇妙夜”活动现场

▽ “汉帛奖”国际时装设计大会现场

▷ 宋画咖啡

▽ “刘松年”带你游德寿宫

△ 德寿宫红墙

▷ “宋韵 · 国风礼市”

（二）古今融合，赋予时尚感和生命力

作为一个遗址博物馆，在解决看不懂的问题外，还要让更多年轻人“喜欢来”，为此，博物馆打造 170 米岱褚色红墙，成为全城爆火的网红打卡点；引进“汉帛奖”国际时装设计大会、阿玛尼香氛展等时尚活动；“德寿四时”80 余款文创产品频频出圈，宋画咖啡等成为最火文创衍生品。

（三）联动周边，掀起杭城宋韵热潮

博物馆接续性举办宋韵集市，共绘“宋韵 + 生活”发展新图景。德寿宫走红也带动老城区周围的“大马弄”和“五柳巷”，打造“皇城根下 city walk”新游线，成为最有烟火气的宋韵杭州文化生活圈。德寿宫已从一个普通的遗址类博物馆成为一个现象级的文化场所。

“华夏民族之文化，历数千载之演进，造极于赵宋之世。后渐衰微，终必复振”。如何让宋韵文化复兴振世，以有形的空间承载无形的宋韵，离不开一批具有标志性的现实抓手来实现。南宋德寿宫遗址博物馆作为宋韵文化的“开山之作”，承载着宋韵今辉，真正做到让遗址生长，让文物说话，持续推动宋韵文化创造性转化和创新性发展。

▽ 德寿宫遗址博物馆荣获“2024 年浙江省最具创新力博物馆”

敬畏历史　上下同心
再现千年古港宏阔场景
——温州朔门古港遗址的保护

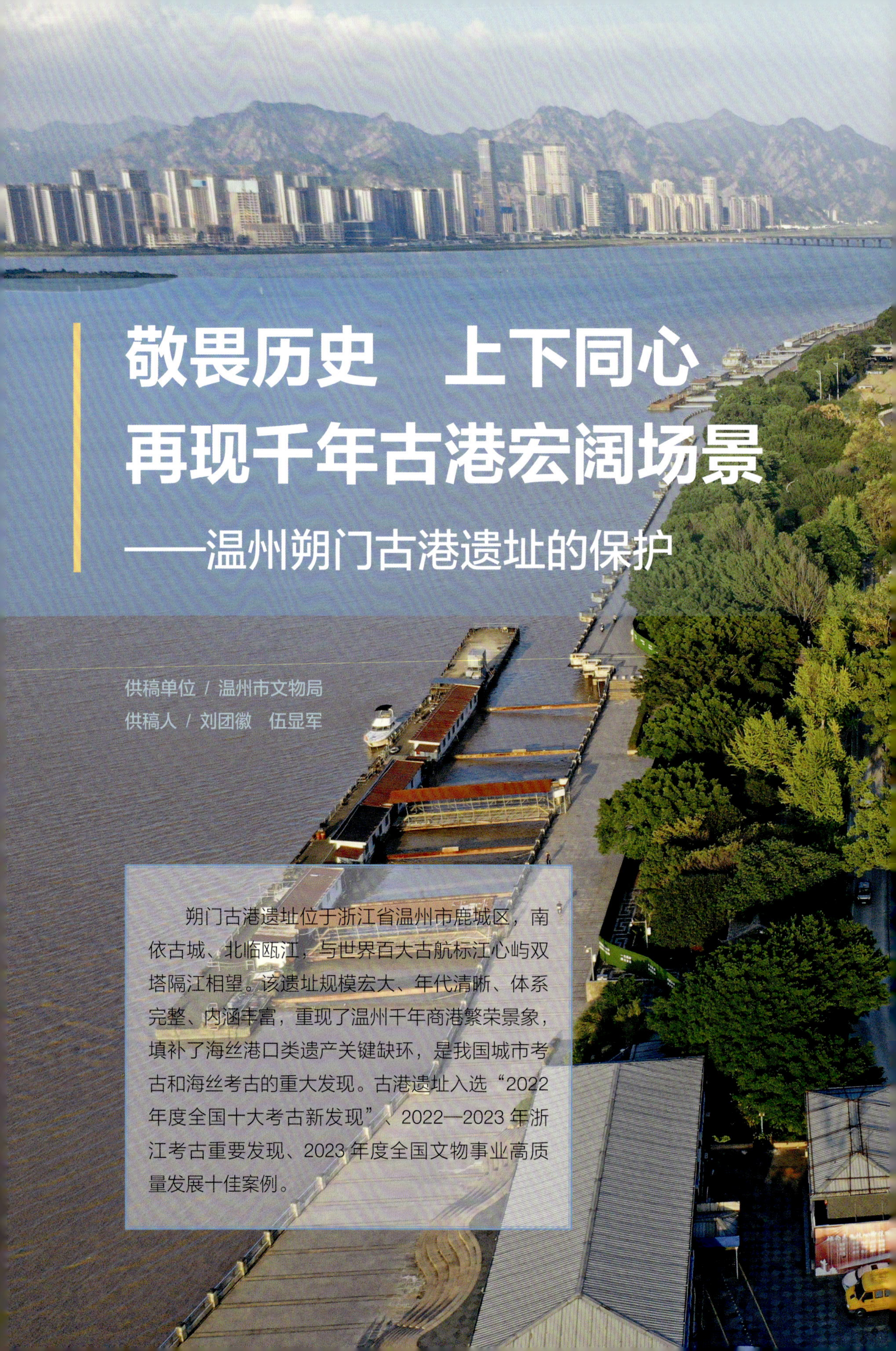

供稿单位 / 温州市文物局
供稿人 / 刘团徽　伍显军

朔门古港遗址位于浙江省温州市鹿城区，南依古城、北临瓯江，与世界百大古航标江心屿双塔隔江相望。该遗址规模宏大、年代清晰、体系完整、内涵丰富，重现了温州千年商港繁荣景象，填补了海丝港口类遗产关键缺环，是我国城市考古和海丝考古的重大发现。古港遗址入选“2022年度全国十大考古新发现”、2022—2023年浙江考古重要发现、2023年度全国文物事业高质量发展十佳案例。

温州朔门古港遗址

△ 望江门（朔门）发掘区

一　上下同心，科学决策，促成遗址整体保护的典型案例

2021 年，温州启动望江路下穿工程，省、市文物局提前介入并要求考古先行，工作伊始，考古队就以强烈的责任心、高度的职业感和持久的战斗力全力以赴勇挑重担。2022 年温州市第十三次党代会提出“千年商港　幸福温州”的城市口号，其后沉船和码头遗迹相继面世，考古队凭借敏锐的洞察力，判断遗址与实证“千年商港”城市定位和古代海丝之路存在重大关联，随即组织专家考察论证，并于第一时间向省、市文物局作专题汇报。

朔门古港遗址重大发现迅速引起浙江省市区党委政府的高度重视，温州市委市政府主要领导密集调研，反复论证、科学决策，果断叫停前期已投入两个多亿的建设项目，让原定的道路工程为文物保护让路，使朔门古港遗址得到整体原址保护。

二　发掘、保护比翼双飞，坚决落实“保护第一”的工作理念

朔门古港遗址先后发掘了 8000 余平方米，2023 年开始转为主动性考古发掘，揭露出温州古城望江门、奉恩门等城门建筑遗迹和 9 座码头、2 座埠头、1 条木栈道、多组干栏式建筑及成片房址，并出土 3 艘沉船和海量瓷片堆积等，各类遗存年代从晚唐延续至民国，尤以宋元时期为主。

朔门古港遗址规模庞大，遗迹类型丰富，木、石、砖、土等材质复杂多样，保护难度极大。考古工作队邀请国内文保专家研究制定针对性现场保护方案，及时组织对脆弱文物进行样本采集和现场保护，探方边壁堆靠加固，部分码头、江岸及木栈道等区域回填保护，确保遗址安然度过台风季节。重点遗迹区域建设钢结构保护棚 10 座，面积达 3693 平方米。1 号沉船、船锚、船舵等重点文物转移至室内保护，委托国家文物局考古研究中心编制《古港沉船保护修复方案》，启动实施 1 号沉船、船锚、船舵等保护工作。针对遗址本体保护监测，已开展了包括材料风化、微环境、水质等的检测，以及

▽ 朔门城门、城墙与瓮城基址

温湿度、含水率、可溶盐、生物病害、动植物、土体压力、振动变形等现状病害持续监测分析，为后续遗址保护利用提供翔实的数据支撑。

项目发掘期间，温州挂牌成立温州市文物考古研究所，温州文物考古事业扬帆再起航，为朔门古港遗址发掘保护工作提供了坚强的人才支撑和机构保障。2023 年温州市政府与国家文物局考古研究中心签署战略协议，合作建设考古工作站，围绕文物整理、水下调查等课题开展合作，全面深化古港遗址研究。同年 11 月，温州市建造的沉船科技保护基地正式落成。

三　科学论证、多维阐释，以课题为引领持续深化学术研究

温州市文物考古研究所与多家高校和科研院所合作，数字建模、人骨鉴定、微生物检测、土壤环境分析、古 DNA 检测等科技手段

▽ 水门头发掘区水门河及陡门等遗迹

▷ 1号沉船

▷ 木栈道

▷ 3号码头

◁ 元代瓷片堆积

◁ 9号码头

◁ 1号、2号码头回填保护

提前介入，多学科合作使保护能力得到显著提升。为加快考古成果整理发布，温州市文物考古研究所联合复旦大学等对遗址 2022 年出土的 10 万余件瓷质文物进行整理统计、分类、分期、定窑口，各类瓷器的数量、比例和来源已基本厘清，为后续考古报告编写和成果的公布奠定坚实基础。

与此同时，温州市先后多次组织论证会或座谈会，邀请国内知名专家为古港遗址考古发现、学术研究、价值阐释、保护利用等建言献策，为遗址价值定位和后续工作指明方向。2024 年，温州围绕朔门古港遗址科研课题设计召开专家论证会，谋定了温州朔门港城遗产体系、数字化保护管理、海洋建筑技术、远洋航线及对外交流史等 20 余项研究课题，持续做深做广做细学术研究，其中 8 项已取得阶段性进展，未来计划整合相关研究成果，申报“考古中国”重大学术课题，助力遗址公园建设及海丝申遗工程。

▽ 瓮城

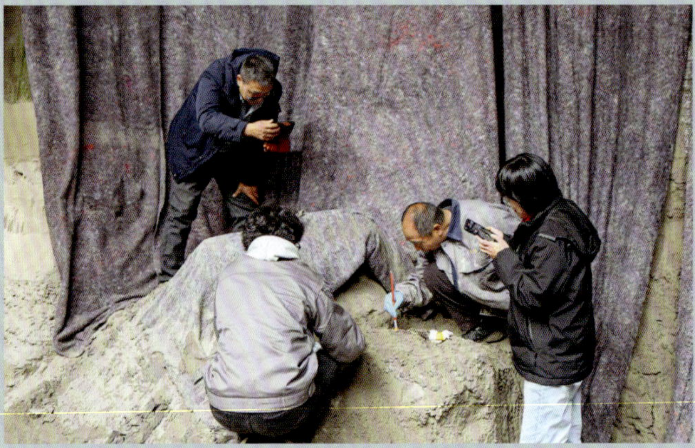

△ 专家现场指导沉船保护

▷ 提取北宋船锚

◁ 温州江心屿西园沉船科技保护基地

◁ 南宋瓯窑青釉褐彩鱼纹瓷洗

▷ 南宋建窑黑釉金丝兔毫纹瓷盏

四 整体谋划、分步实施，着力提升遗址展示效果和接待能力

浙江省市区三级联动、上下一心，全面推动遗址保护展示工作。2023 年浙江省人民政府将朔门古港遗址公布为浙江省第八批省级文物保护单位。温州加入海丝申遗城市联盟，古港遗址纳入国家海丝申遗体系，相关海丝遗产保护利用也被列入浙江省第十五次党代会工作报告。温州市委市政府将遗址发掘保护与遗址公园建设作为最重要的文化工程进行规划部署，成立高规格遗址公园建设委员会，组建专班实体化运作，鹿城区专门成立管理机构，为遗址保护及公园建设保驾护航。

依托古港遗址重大考古发现，先后策划“一片繁华海上头——温州朔门古港遗址考古成果展”“千年商港·海丝起航——温州朔门古港遗址重大考古发现特展”等展览，同时积极响应重大活动安排，围绕遗址开展公众宣传，配合完成亚运会、青年科学家峰会、世界温州人民代表大会、长三角领导人会议等重要宣传展示工作。特别是 2023 年 11 月，新华社、浙江省人民政府联合主办的 2023 年海上丝绸之路城市影响力市长交流大会落户温州，充分凸显了温州朔门古港遗址作为我国海上丝绸之路申遗工程不可替代的经典样本和支撑性遗产点的重要特性，也为努力建设中国特色、中国风格、中国气派的考古学提供了生动样本。

遗址科研课题设计论证会

“海丝之光”文化遗产保护发展暨学术交流会

五 拥抱媒体、回馈社会，综合利用多种渠道开展公众宣传

温州市坚持“考古与保护并重，展示与宣传同行”，邀请中央电视台、北京卫视、浙江卫视及新华网、光明日报、温州日报等新闻媒体拍摄纪录片、宣传片，积极宣传展示古港遗址重大发现和温州港城独特价值，努力让文物活起来。古港遗址入选央视 2022 年国内十大考古新闻。2023 年 6 月，央视《焦点访谈》栏目专题报道

朔门古港遗址工作，并将其誉为“工程建设为文物保护让路的典型案例”。

此外，温州还特别注重考古成果人民共享，先后组织开展了宣讲进机关、进高校、进社区活动，“最美人物”宣讲，组织“叮叮当”考古小记者团等系列活动，全新上演新编历史瓯剧《朔门潮》等，为普及考古知识热点、宣传文物法律法规、弘扬中华优秀传统文化做出重要贡献。

温州朔门古港遗址的发现，真实再现了宋元时期温州港的繁荣景象，为温州作为龙泉瓷大规模外销的起点港和海上丝绸之路重要节点城市提供了重要实证，是我国海丝申遗不可替代的经典样本和支撑性遗产点。在古港遗址的保护过程中，当地政府坚定不移地选择让“城市主干道给文物让路”，把遗址当作城市发展的珍贵资源，成为统筹文物保护与城市发展的鲜活案例。

▽ 温州晚报组织小记者参观遗址

在基建考古中让文物活起来，打造城市文旅新名片

——江西安福起凤山汉墓考古

供稿单位 / 江西省文物考古研究院

供稿人 / 李娟　徐宏杰　李荣华

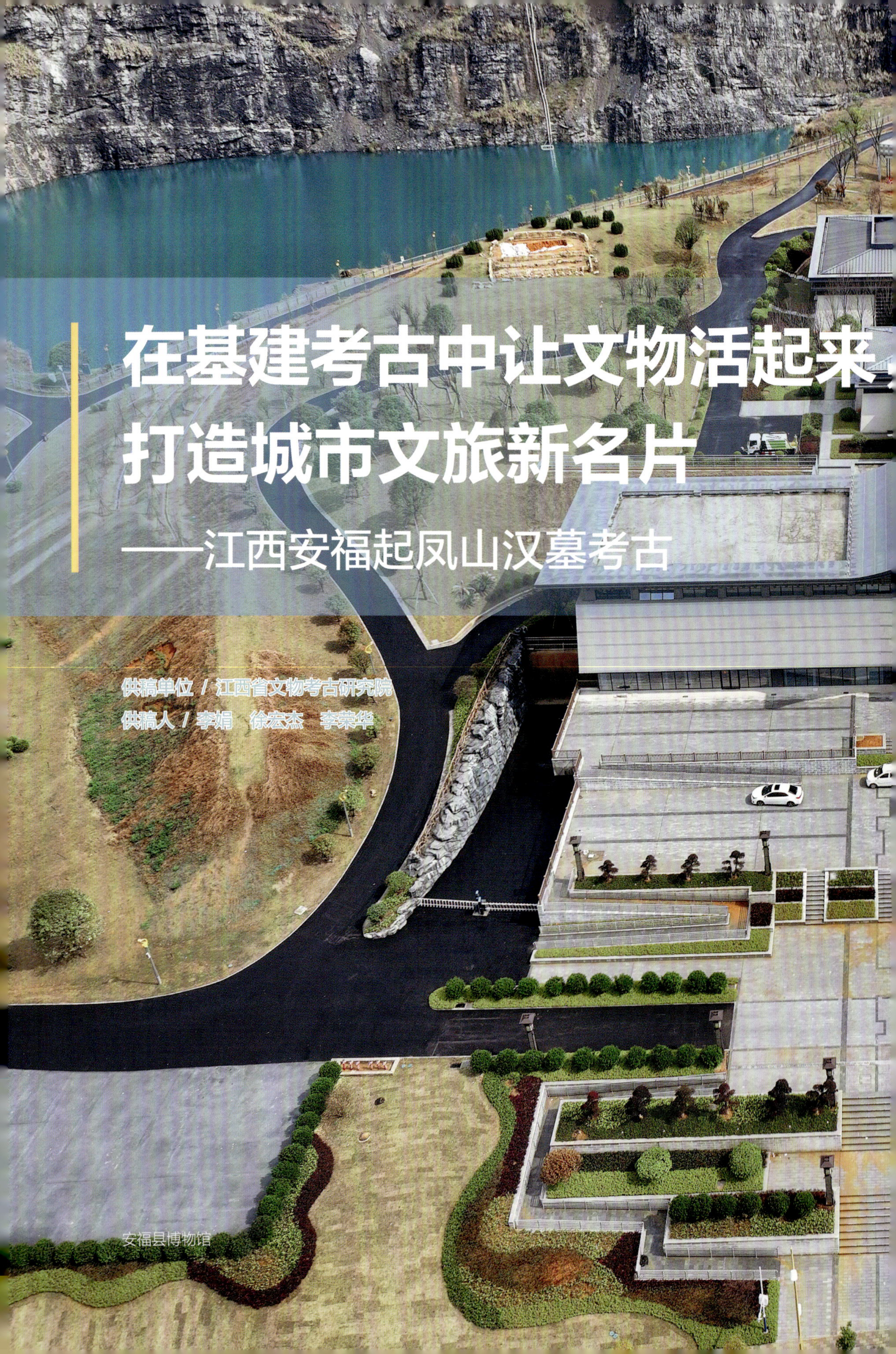

安福县博物馆

起凤山汉墓位于江西省吉安市安福县平都镇枫林村彭家起凤山南侧的小山冈上。2019 年因建设发现并开展抢救性考古发掘，2020 年转为主动性考古发掘，2022 年考古发掘结束后，在一号墓原址上动工建设安福县博物馆，成为安福新的文化地标。

一　及时响应，积极配合

△ 安福起凤山一号墓展示厅

2019 年 8 月 30 日，安福县环城北路工程在施工取土时，挖出了漆皮、残破椁板及大量木炭，安福县文化广电新闻出版旅游局将相关情况逐级上报至江西省文物局。31 日，江西省文物考古研究院受江西省文物局的委派，组织专业人员赴现场勘查。9 月，经国家文物局批准，江西省文物考古研究院和安福县博物馆组成联合考古队对墓葬开展抢救性考古发掘。

安福县文化广电新闻出版旅游局在发现墓葬的第一时间对现场进行了保护，树立带有文物保护宣传标语的围挡，建立文物保护临时库房，安装监控系统并与派出所联动，并在现场实施 24 小时值班制。发掘过程中，地方政府在发掘区域搭建保护棚，为考古工作顺利、高效地进行提供良好的条件。

二　树立课题意识，转为主动性考古发掘

安福起凤山一号墓为面积约 96 平方米的甲字形木椁墓，经查阅考古资料和文献，该墓与江西莲花安成侯墓形制基本一致，结合安福在西汉时期有安成和安平两个侯国，推测墓主可能为西汉时期列侯级别的贵族。在此基础上，提出墓葬是否有墓园，墓主与安成侯、安平侯的关系，周边是否存在其他同时期墓葬，古安平县址和古安成县址以及安平侯国和安成侯国所在等疑问。

△ 清理工作

▷ 夯窝提取

△ 棺内器物

为解决这一系列学术问题，江西省文物考古研究院向国家文物局申请将该项目转为主动性考古发掘。本着“保护为主、抢救第一、合理利用、加强管理”的文物工作方针，发掘前制定了整体工作计划并随着发掘的开展进行适当修改。发掘过程中多次邀请田野考古、文物保护、实验室考古等方面专家在发掘现场予以指导，并针对相关问题提出解决意见和方案。发掘中还召开了多次专家论证会，对墓葬年代、墓主身份、墓葬性质和保护利用等进行论证，为今后研究和保护利用提供了坚实保障。同时在课题意识的指引下，组织开展出土铜器的科技考古与保护修复、漆器的保护与制作工艺研究、白膏泥成分分析等研究工作，为后续保护展示奠定基础。

三　坚持系统化的工作思维

安福起凤山一号墓考古发掘认真贯彻执行国家文物局田野考古操作规程的要求，秉承聚落考古理念，构建了一套契合自身的方法体系。

（一）将单个墓葬纳入整个时空框架中

在发掘前和发掘过程中，以一号墓为中心，在其周边约 20 平方千米范围内开展全方位的考古调查工作，还开展了大规模的考古勘探工作，普探面积约 10 万平方米，重点勘探面积约 3000 平方米，着重解决是否存在墓园以及墓主生前的生活居住区、古安成和古安平县址地望等一系列问题，试图构建两汉时期安福地区的时空框架。

（二）正确处理考古发掘与文物保护利用之间的关系

考虑到墓葬中可能会出土漆木器，在考古发掘现场搭建文物保护临时库房，文物保护人员参与现场发掘，处理好文物提取保护和考古发掘之间的关系，提前做好保护利用方案，保留特殊遗迹以备展示。

出土漆耳杯

套箱保存夯窝迹象。在清理墓葬填土时，发现夯窝迹象，直观表现出夯打方式。考古队在对夯窝层进行拍照和三维建模后，选取痕迹较明显的区域，套箱保存，并做好防裂处理。

墓葬本体部分保存。在墓葬发掘时还未规划原址建馆，考古队带着展示利用的前瞻意识，为使公众直观了解西汉时期木椁墓的营造方式，墓葬东壁的白膏泥和木炭堆积未全部清理，一号墓的斜坡墓道填土层位明显，也保留了剖面。

（三）发掘现场全程数字化、影像化

数字化专业人员全程跟驻考古工地，采用航空摄影测量、延时摄影、三维激光扫描、近景摄影测量等多种数字化手段，对起凤山一号墓考古发掘全过程进行数字记录，统一管理发掘资料，多维展示发掘过程。在墓葬发掘过程中，进行延时摄影记录，完整记录发掘过程细节；对关键节点进行数字化采集和记录，制作可视化三维呈现模型及正射影像等数据成果。通过建设数据库对发掘过程中的资料进行统一管理和保存，在此基础上建设考古数字化成果管理与展示平台，开发了展示程序对建造过程进行虚拟复原，通过 3D 动画的表现形式，表现起凤山一号墓的营造过程。同时，使用全站仪对墓圹、随葬品和特殊遗迹进行数据采集，将其纳入大地 2000 坐标系中，即使墓葬被回填保护，也能通过坐标数据找到每个遗迹和遗物的所在。

四　及时向公众展示考古成果，提升文物保护等级，原址建馆强化利用

安福起凤山汉墓除了一号墓外，还包括 4 座同时期墓葬，自 2019 年 9 月始至 2022 年 6 月，5 座墓葬的野外发掘工作全部完成，相关保护展示和研究工作也加快提上日程。2022 年 10 月，安福县人民政府将起凤山一号墓公布为县级文物保护单位。2023 年在《南方文物》发表《江西安福起凤山一号西汉墓发掘简报》《江西安福起凤山汉代墓葬发掘简报》《安福县起凤山一号墓墓主人探析》等，《江西安福起凤山汉墓群》考古报告也已提交出版社。

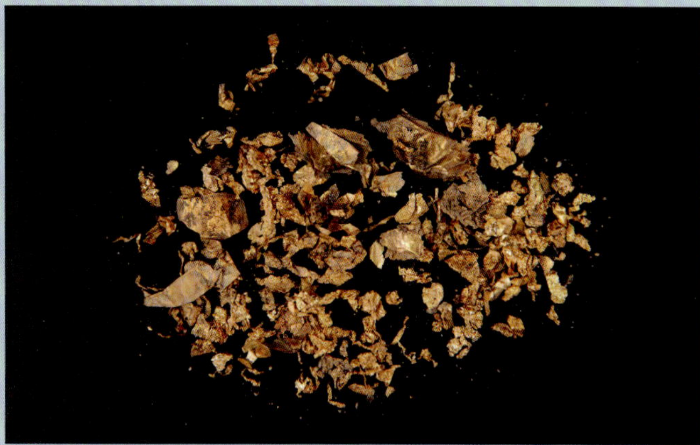

出土金箔

为更全面系统地展示安福县历史文化和民风民俗等，安福县批复同意了《关于安福县汉墓遗址博物馆建设项目建议书》，在起凤山一号墓原址建设汉墓考古发掘展示厅，纳入安福县博物馆管理。汉墓考古发掘展示厅借助墓葬本体、展板和电子设备等，展现起凤山一号墓发掘缘由、经过等，并通过“衣食住行娱”五个主题，以安平侯的起居生活为畅想，向公众普及历史文化知识。

起凤山南麓原规划是修建环城公路，因发现西汉一号墓而更改了方案，该处已新建了安福福海休闲广场和福海公园，为契合起凤山的名称，公园主要采用凤凰元素，设置起凤台、在山坡上铺设草坪，利用颜色深浅，俯瞰可见凤凰形状。博物馆处于公园的东南角，正门上方建筑呈凤凰起飞状，与公园融为一体，完美阐释了文化和旅游的融合。

出土器物

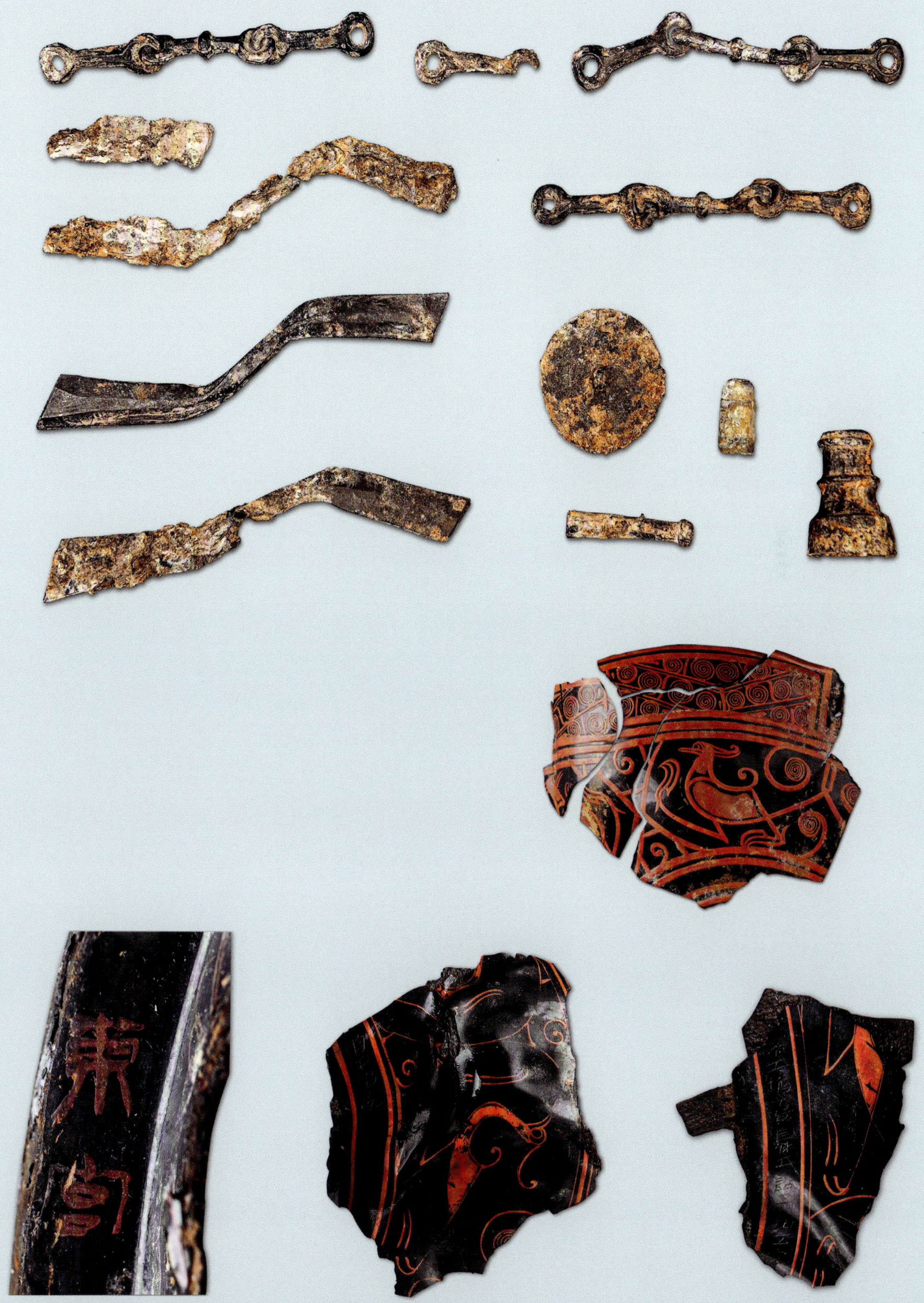

城市基建与文化遗产保护双赢的新实践

——元代济南王张荣家族墓地的原址保护

供稿单位 / 济南市文化和旅游局　济南市考古研究院

供稿人 / 贺秀祥　郭俊峰　刘秀玲　艾　楠　房　振

张荣家族墓地回填保护工程效果图

元代济南王张荣家族墓地是全国迄今发现的级别最高、陵园附属物最多、一次性出土文字资料最丰富的元代墓地。为长久有效保护这一珍贵文化遗产，济南市文化和旅游局对其进行原址保护，既最大限度保护遗迹原貌，又较好处理了文物保护与经济社会发展的关系，为基本建设中考古和文物保护开创了成功案例。

北
M83
（张荣墓）
明堂
M81
张邦彦
M82
张邦杰
M77
张邦孚
M79
张邦允
M80
M74
张邦昌
M75
M78
M76
M72
石碑
M71
M70
M34
M65
M68张邦直
M69
M63
M67
M64
M58
M59
M60
M61
M62
石像生
M66
M51
M53
M49
M50
M57
M52
M54
M55
出土石刻
M56
M47
M48
M36
M44
M43
M45
M46
M40
M41
M38
M42
M37
M35
M26
M25
M24
M29
M33
M28
M32
M30
M31
M27
M23
红色 元代墓葬
青色 宋金墓葬
蓝色 元末明初墓葬
黄色 清代墓葬
绿色 时代不详

△ 张荣家族墓地发掘区

一　考古发现价值重大

2021 年初，济南市历城区文化和旅游局在日常巡查中发现某开发地块未履行考古前置程序即已准备开工，随即向建设单位下达停工通知书，要求其履行考古责任。后经勘探确定该地块存在墓地，济南市考古研究院于 2021 ～ 2022 年进行发掘，发现元代济南王张荣及其子孙墓在内的 32 座元代墓，出土随葬品 500 余件、石碑等陵园石刻 100 余件。此次发掘入选 2022 年度“中国重要考古发现”、“山东五大考古新发现”、“中国六大考古新发现”入围项目、“十大考古新发现”终评项目。

▽ 张荣墓

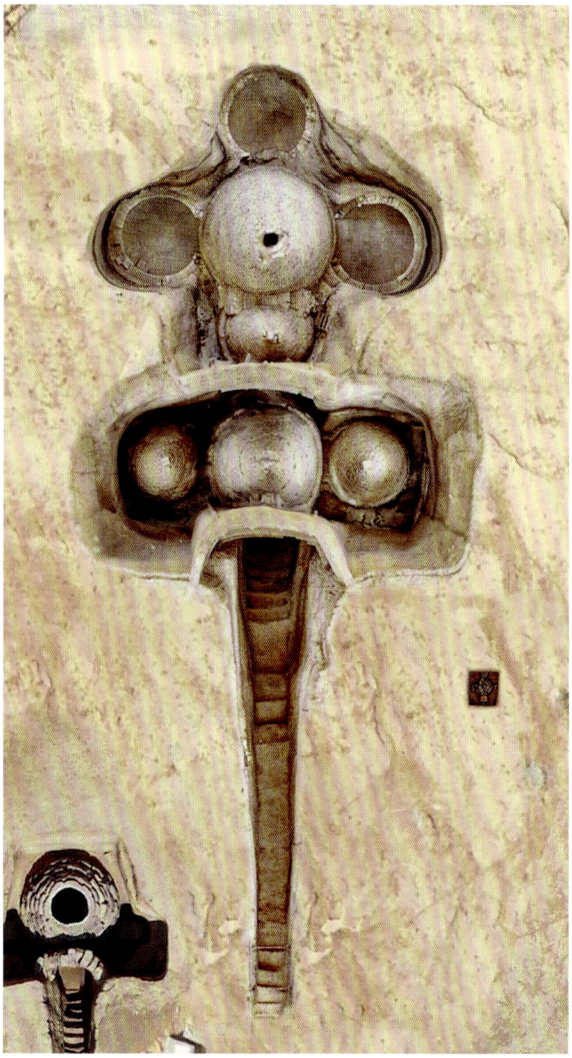

张荣为元代汉人世侯，被追封为济南王，《元史》有传，其墓是全国规模最大、结构最复杂、壁画最丰富的元代墓。该墓地为研究元代陵园制度提供了重要资料，碑刻铭文可与文献相互勘证、补史之阙，众多瓷器为研究丧葬用瓷和贸易交流提供了新材料；丰富多彩的壁画和随葬品展示了多民族融合和中华文明多元一体的发展过程。

二　保护措施科学合理

张荣家族墓地发掘过程中，济南市文物部门充分认识到其重要性，向企业提出原址保护设想，同时向国家文物局、市委市政府进行汇报，并组织 10 余次专家会，在反复对比原址展示、原址回填和搬迁保护的优缺点后，最终决定原址回填保护，并报市政府同意。措施主要包括：

壁画保护。依照文物修复保护“协调一致及可辨识”“最小干预”“可持续保护”等基本原则，对壁画材料、工艺、病因、影响环境等综合研究，从本体强度、病害治理、补全修复等方面进行修复保护。

墓葬本体加固及回填保护。包括本体修复加固、壁画防护、回填夯实等。修补盗洞等被破坏部位；清理加固砖墙松散位置；采用“玻璃钢树脂纤维布 + 玻纤网格布 + 碳纤维布”的隔离层防护壁画，墓室内外用黄沙回填夯实，墓顶之上用灰土夯实。

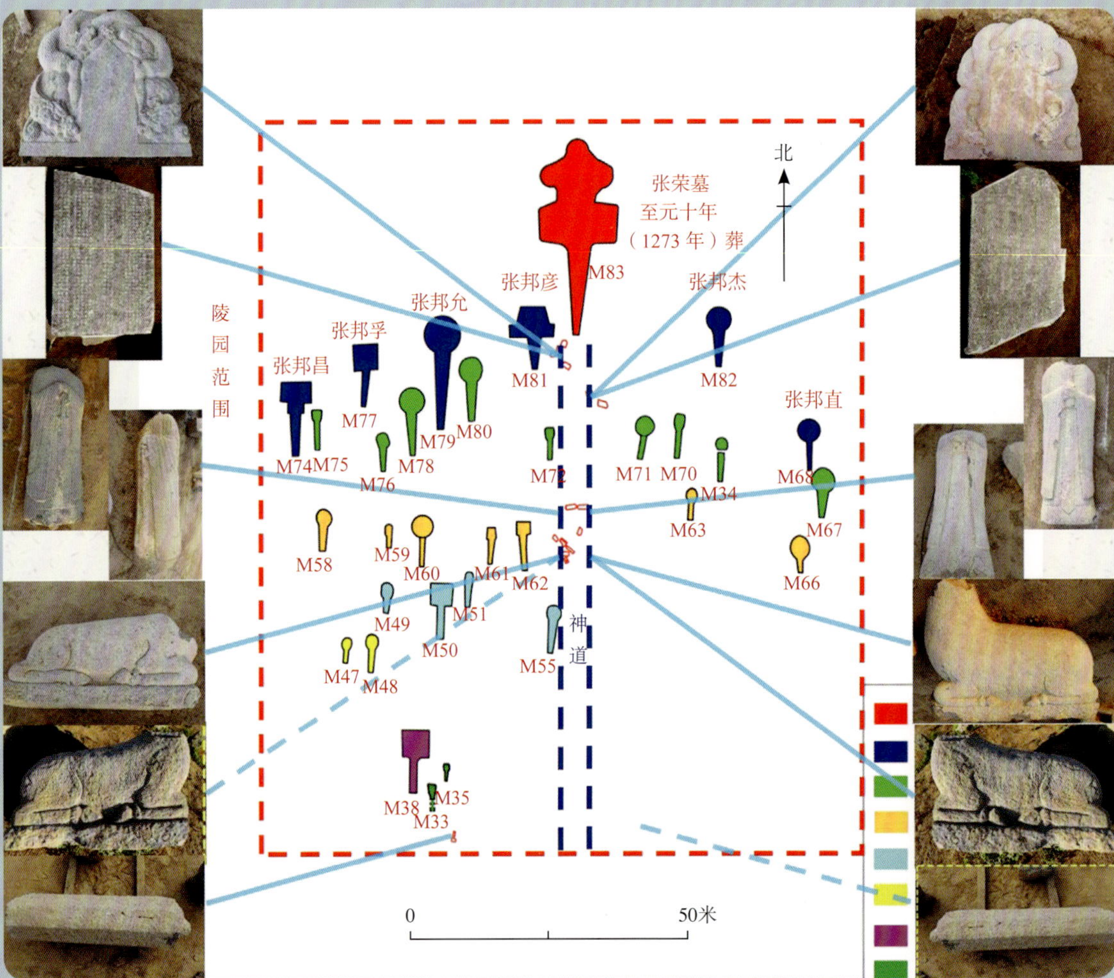

▽ 张荣家族墓地陵园布局图

记录壁画修复前状况

清理表面尘土

回帖加固空鼓地仗层

加固脱落颜料层

填补壁画表面裂隙

修补脱落地仗层

补配脱落地仗层

微观拍照

记录修复效果

△ 壁画保护工作场景

数字化复原。为满足研究和展示需要，最大限度提取资料，回填保护之前进行数字化复原，包括三维视频、虚拟陵园展示系统、壁画动态化制作等。

地上景观建设。完成文物本体保护后，墓顶再覆盖 3 米土层，与小区地面持平，建设绿地景观，并纳入文物保护单位管理。

三　保护成效意义巨大

对开发建设商品房过程中发现的墓地原址保护，是综合研判墓葬实际、社情民意等各种因素后采取的最优保护方式，既有效保护了地下文物，又最大限度维护了购房业主诉求和企业利益，取得良好保护效果和社会效益。

（一）解决了大型壁画墓科学保护的难题

张荣墓位于地表 10 米以下，规模宏大，砖壁多处裂缝，局部粉化。原址展示所需防护设施体量巨大，涉及用电、降水、消防、

◁ 壁画隔离防护及墓室内外回填

△ 壁画保护场景

恒温恒湿、顶部承载、后期维护等诸多问题。定陶汉墓、西安理工大学壁画墓表明，对地下水位较高的墓葬和壁画进行的展示保护难以长久。

原址回填有诸多益处，回填沙支撑墓壁，解决了未来可能坍塌的隐患；隔绝空气，温湿度相对稳定，实现壁画的长久保护，隔离层进一步提升保护效果。各项可逆措施及登记保护，为条件完备后的展示利用打下基础。20 世纪 90 年代细沙回填的大官庄金代壁画墓的重新清理，表明回填保护极为有效。

（二）体现了政府对文物保护的高度重视

济南市委市政府对墓地的发掘和保护高度重视，多次强调把文物保护放在首位，同时要求文物部门结合项目建设诉求，优化保护方案。市文化和旅游局先后组织专家召开 10 余次论证会，最终确定原址回填保护方式。

（三）问责体现了考古前置和文物保护的决心

2020 年 6 月济南开始实行考古前置政策，该地块却于 2020 年 10 月在未考古的情况下完成出让。对此法人违法的行为，市纪委介入并对相关责任人给予纪律处分，体现出市委市政府实施考古前置的决心。自此至今，全市未再发现违反考古前置政策的案例。

（四）成为行政执法部门和考古业务单位密切配合的典范

墓地的发掘和保护，充分表明文物行政部门加大巡查力度、主动作为的必要性和考古业务部门扎实业务水平、严谨工作作风的重要性。前期执法、中期勘探发掘、后期保护三个环节密切结合、环环相扣，成为行政执法和考古工作密切配合的典型案例。

◁ 墓葬本体加固

▷ 部分数字化复原成果

（五）开创了商品房开发建设过程中改变规划的先例

墓地所在地块前期已经出让且准备开工，张荣墓正处于小区“楼王”的位置，原址保护将会导致无法建设。在市政府积极协调下，开发商作出让步，在文物部门划定的原址保护区域内放弃两栋商品楼和相关设施的建设。改变在建商品房规划、为文物保护让路的事例在山东尚属首次。

（六）正确处理了文物保护和经济建设的关系

开发商放弃两栋商品楼建设，直接经济损失达 2.2 亿，另有车库和消防等规划调整、施工队伍和业主索赔、周边楼盘恶意营销导致房价下降等间接损失，最初对原址保护极为抵触。为最大程度减轻对企业影响，文物部门同意勘探未发现文物区域可以先行开工建设，并广泛征询省内外专家意见，积极与企业沟通，优化保护范围，充分利用地上空间打造高品质小区，实现了文物保护和经济建设的双赢。

张荣家族墓地的发现、发掘和原址保护，是在习近平新时代中国特色社会主义思想指引下，各级党委政府严格贯彻党中央关于加强文化遗产保护利用的重要指示批示精神，高度重视文物保护工作，多个政府部门、事业单位和社会力量共同参与、合作共赢的结果，最终实现了文物保护和经济建设的双赢，开创了文化遗产保护的新范例。

多措并举齐发力，保护发展两不误

——赵家徐姚遗址的创新理念与实践

供稿单位 / 山东省文物考古研究院　淄博市临淄区文物局

供稿人 / 徐　波　孙倩倩　赵益超　国海锋　许晓文

赵家徐姚墓地发掘区

△ 社区博物馆设计蓝图

一　项目概况

赵家徐姚遗址位于山东省淄博市临淄区东部，是在配合临淄区基本建设，发掘战国至汉代墓地的过程中“偶然”发现的。遗址地处海岱腹地，距今 1.5 万～ 1.1 万年，属于旧新石器过渡阶段的遗址，是理解陶器起源、农业起源过程的全新材料，为认识旧新石器过渡这一重大的历史变革提供了关键证据，是我国万年文化发展史的重要实证。该项目入选“2022 年度全国十大考古新发现”，同年入选国家社科基金年度项目。

二　主要措施

赵家徐姚遗址在配合基本建设考古过程中坚守田野考古规范、牢固课题意识、秉持高度负责态度，以课题研究为导向，以精细化田野发掘、信息记录、样品采集为基础，以多学科综合研究为手段，提取各类遗存信息，全面解读考古材料，深入阐释遗址内涵。加强公众考古，讲好考古故事；建立良好的沟通机制，引导多方力量共同参与；文物保护方案设计立足实际，多种方式协调并进，积极推动考古成果转化利用。

▷ 人类活动营地遗物出土状况

▽ 墓葬局部

（1）牢固课题意识，从微末线索引出重要考古发现。项目用地范围内共有战国至汉代墓葬1300余座，在距离地表约5米的墓壁剖面“生土”中发现了薄薄的红烧土堆积，项目负责人敏锐地意识到这些红烧土的重要价值，立即进行初步解剖、测年，明确年代为距今1.1万年以前，正处于旧新石器时代过渡阶段。虽然作为一类全新的考古材料，学者对其性质和成因的认识并不统一，并且未发现明确其为人工遗存的证据，但考古发掘团队本着对文物负责的态度，顶住质疑压力、克服焦虑心态，长期坚持追索，最终取得学术突破。

（2）强化沟通，从被动发掘转为主动研究。及时向上级部门汇报遗址发掘及研究进展，领导部门快速有力协调各级单位，推动发掘研究和文物保护工作的顺利开展。建立多方洽谈机制，引导建设主体单位主动作为，及时向地方政府、文物部门、建设主体单位阐明遗址价值，进行有效洽谈，充分尊重各方诉求。其中建设主体单位主动承担社会责任，调整工期、修改规划、避让重要遗存、落实文物保护措施等，为考古发掘及文物保护方案的快速推进提供了

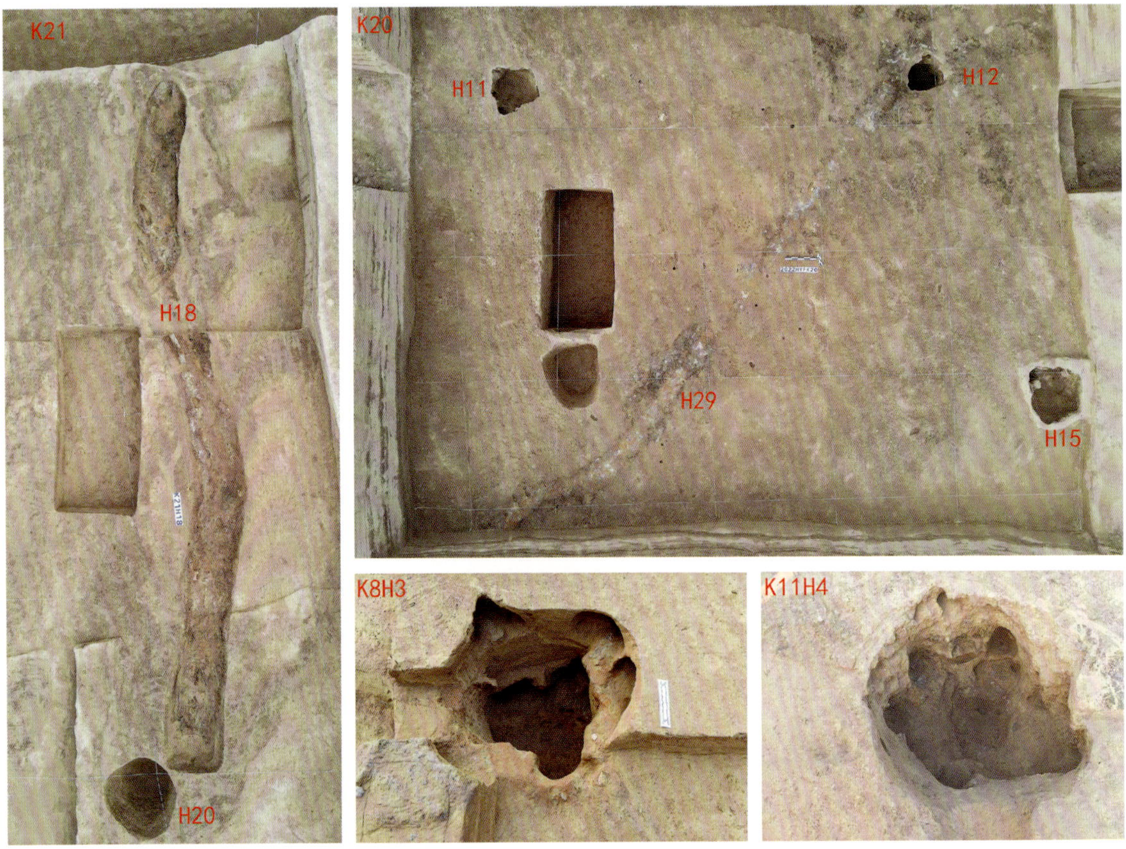

△ 树干与树桩类堆积

保障。加强学术交流，适时召开专家论证会，邀请相关专家到遗址现场研讨，引起学界和社会的广泛关注与讨论。

（3）规范发掘，从田野一线走向学术前沿。以规范化、精细化、科学化为原则制定发掘方案。对项目范围内墓葬进行了全面系统的刮面，确保不遗漏任何线索。注重平剖结合，以解剖为主，开掘贯穿项目用地范围内的数条东西向、南北向探沟，全面了解地层信息和红烧土遗存分布情况。采用旧石器的精细化发掘方法。对出土遗物的三维信息、埋藏状况、出露形态进行了详细记录，对遗址整体进行高精度三维扫描建模；系统取样则在 1 米 ×1 米范围内，尽可能全面、科学、系统地收集遗址的各类信息。在发掘的过程中，同步开展出土遗物、采集样品的整理与研究。2022 年累计浮选样品 5000 余份，土样总量超过 5 万升。在临淄地区后续基建考古过程中更加关注同类遗存，初步确认红烧土遗存分布区域达 2.5 平方千米。并在陈家西、陈家西北战国—汉代墓地发现了更多该阶段的人类活动地点。积极申报各项学术课题，获得 2023 年度的国家社科基金课题立项，并融入“海岸带环境变迁与文化文明演替”等多项重大课题。

（4）多学科参与，科学阐释遗址内涵。发掘团队围绕区域地貌演变与气候变化、遗址周边景观重建、遗物埋藏环境等问题组建多学科团队，涵盖中国科学院、北京大学、山东大学、北京科技大

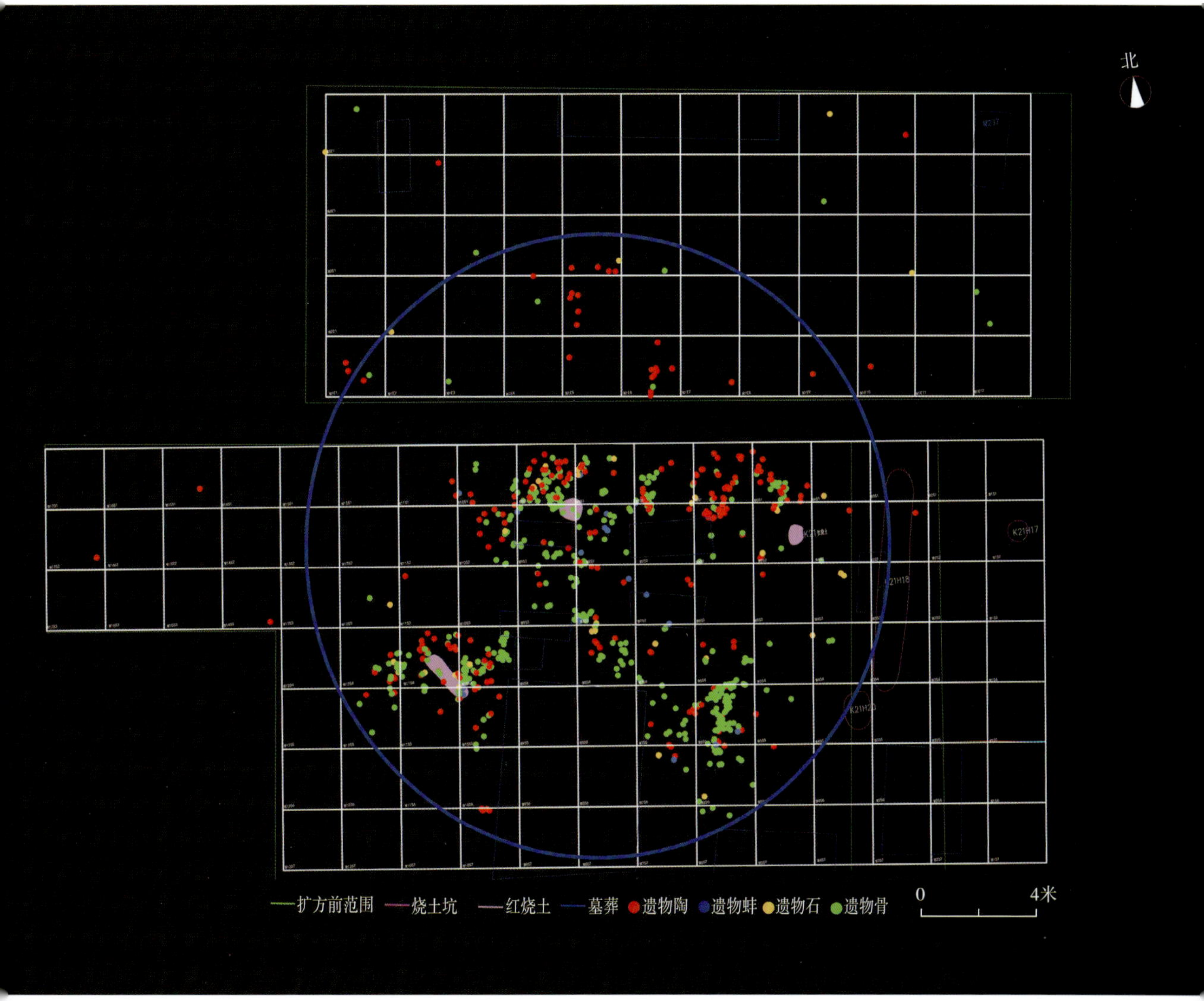

▽ 人类活动营地出土遗物分布图

△ 清理红烧土遗存

▽ 精细化的田野发掘与科学化的样品采集

学等多个顶尖科研队伍，并根据考古发掘进度与课题推进程度，不断完善团队建设。各课题团队从年代、沉积、植被、气候等多个角度探讨以赵家徐姚遗址为中心的旧—新石器过渡时期的人地互动机制。项目负责人及时督促各课题团队及时反馈数据成果，并组织多种形式的内部研讨会，对相关数据进行研判、分析，根据数据分析及讨论结果，及时调整后续发掘工作和研究重点。

（5）求实创新，打造“家门口”文化空间。采取“遗址保护＋社区博物馆＋考古研学空间”的多维度、全方位设计理念，提供文物保护新思路。在原址设立永久标识，对部分重要遗迹进行原地保护。推动建设社区博物馆，通过展示考古成果打造“家门口”文化

▽ 遗址发掘区

△ 出土可复原陶器标本

▽ 多学科团队成员进行样品采集

空间。并在现地表及社区的公共活动空间进行场景复原展示，与居民公共空间的绿化建设充分结合，让“文物”融入社区景观，增强社区文化氛围与历史底蕴，提升社区品质，社区博物馆这个“小区会客厅”也将成为社区闪亮的文化名片。另外，对人类营地主体进行套箱提取，将在山东考古博物馆进行专题展示。多种文物保护措施协调共进，有效解决与基本经济建设之间的矛盾，促进地方文化事业发展。

（6）讲好考古故事，从学术研究走向公众考古。组织多样的公众考古活动，多次走进校园向中小学生开展考古科普讲座。及时组织面向各类媒体的宣传活动，积极向社会公众展示考古新发现，

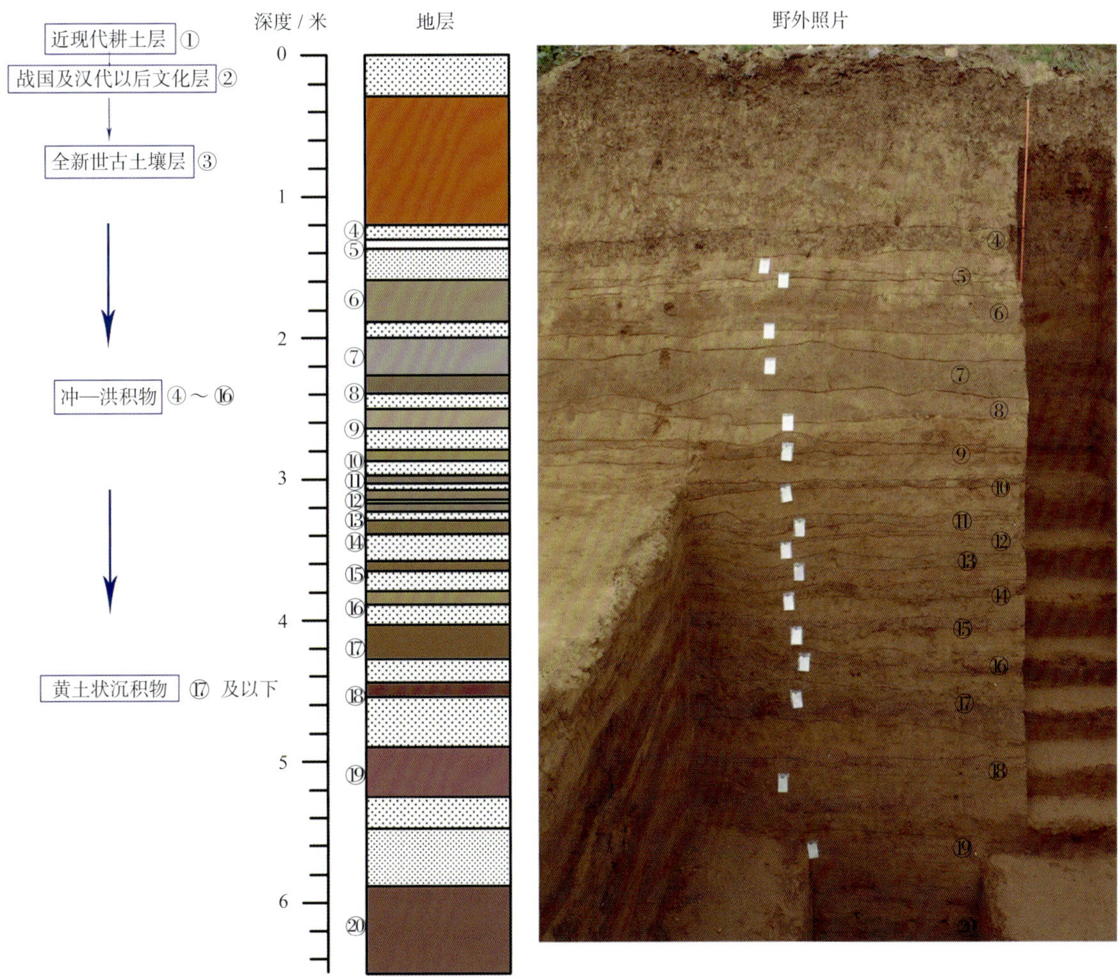

▽ 遗址地层序列

△ 出土陶片微痕分析（夹植物茎秆、制作陶器工具痕、烟炱痕迹）

引发社会广泛关注。依托山东博物馆“海岱日新—山东历史文化陈列展”，及时展示最新发掘收获和学术成果。以考古实绩延伸历史轴线，谱写文明“新”章。

三　启示意义

赵家徐姚遗址的工作理念与实践对今后的田野发掘、学术研究、学科建设、文化遗产保护、“考古故事”走向公众、文化创新与自信等方面具有重要的启示意义。

△ 出土部分动物骨骼

▽ 出土部分陶塑

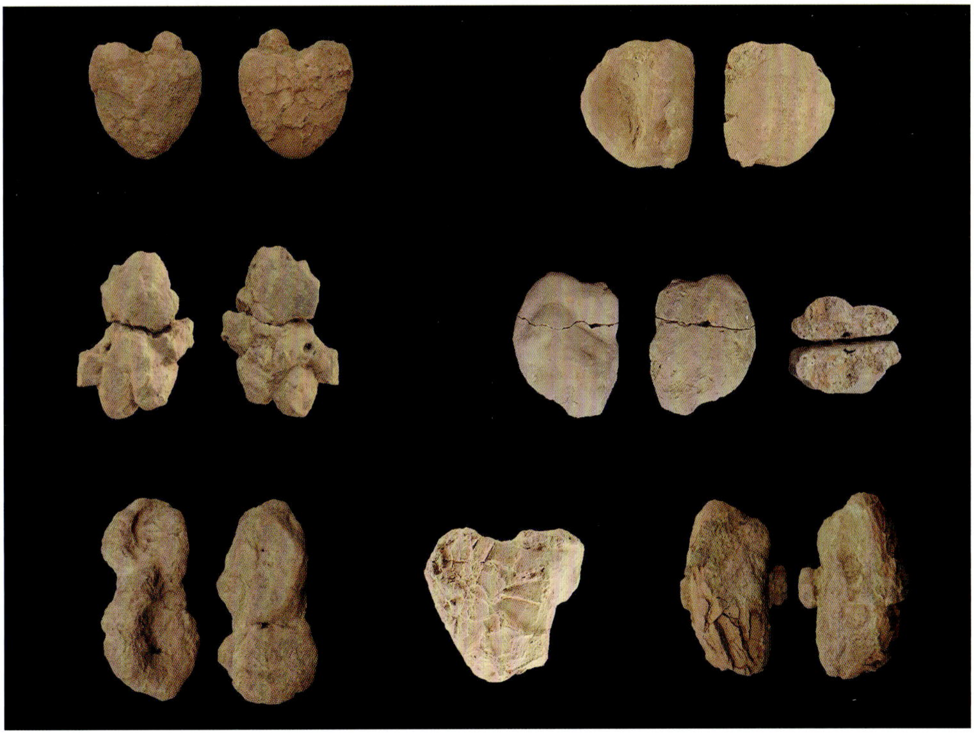

（1）敏锐的学术意识是基建考古取得突破的关键。虽然配合基本建设的考古项目工期紧、任务重、压力大，但是只要保持学术敏感度、强化课题意识，基建考古也能带来新的学术增长点。

（2）由发掘团队主导课题设计真正实现多学科深度融合。由发掘领队主导课题设计，组建多学科团队，推动科研成果产出，增进团队内部交流与探讨，有效避免田野考古与科技考古脱节，实现田野考古与科技考古的深度融合。

▽ 社区博物馆设计蓝图

△ 公众考古活动

（3）积极引导多方参与，促进考古成果转化合作“共赢”。建立及时、有效的洽谈机制，保障各方合理关切，引导当地政府、文物部门、建设主体单位全流程参与文物保护工作。赵家徐姚遗址探索出的“遗址保护+社区博物馆+考古研学空间”的文物保护模式，在实现文物保护目标的前提下，不仅满足基本建设需求，而且进一步促进了地方文化事业的发展。

多元展示　遗址再现 千年璀璨文明

——郑州市生态保遗工程综述

供稿单位 / 郑州市文物局

供稿人 / 李艳萍

郑韩故城

一　生态保遗工程的背景情况

△ 郑韩故城东北角遗址

郑州是华夏文明的重要发祥地、中国八大古都之一、国家历史文化名城、国家中心城市、国家重点支持建设的六个大遗址片区之一和世界历史都市联盟成员城市。郑州作为文物资源大市，拥有世界遗产 2 处，全国重点文物保护单位 83 处，河南省文物保护单位 149 处，郑州市文物保护单位 291 处，不可移动文物近万处，无论是文化遗产资源总量，还是全国重点文物保护单位数量，均位于全国城市前列。20 世纪 50 年代至今，郑州市 4 项考古发现入选“中国 20 世纪 100 项考古大发现”，16 项考古发现入选“全国十大考古新发现”，居全国前列。

△ 郑韩故城大吴楼手工作坊遗址

▽ 郑韩故城——《春回故城》

近年来，随着我国城市化的不断推进，城市内部及周边地价水涨船高，一个又一个的“地王”横空出世，不断刺激着人们的眼球。另一方面，由于观赏性不高、文化内涵不易体现、不能用于城市建设等问题，古遗址的保护则面临着越来越大的压力，往往是“地下气象万千，地上毫无生机”，日益成为社会关注的热点。特别是对像郑州这样的文物分布密集的城市，古遗址的保护范围既不能用于基本建设，保护利用方面又受限于有限的人力、财力，大多只能裸露于荒野或作为农田耕种，无法得到有效的保护。

△ 郑韩故城东城墙

为了破解这一现实难题，郑州市立足于“保护为主，抢救第一，合理利用，加强管理”的文物工作方针，在国家中心城市建设中，按照“大生态、大环保、大统筹”原则，于2017年创造性地提出了将文物保护与生态建设结合，以建设遗址生态文化公园方式，促进文物保护成果具体化的“生态保遗”指导思想，旨在让“陈列在广阔大地上的遗产”得到有效展示，让文物保护成果惠及于民。

郑州市生态保遗项目质量优异，选址依托各级文物保护单位，目前已建成开放55处。市财政对国保单位按照总投资的30%进行奖补，省、市保单位按照总投资的20%进行奖补。项目的设计与建设在确保文物安全的基础上，充分考虑群众生活、后期管理等多重因素，合理利用周边原生资源，努力促进文化遗产保护与生态文明建设有机融合，以期最大限度地发挥遗址生态文化公园传承文脉、服务社会、优化环境、带动发展的积极作用。

二　生态保遗工程的主要做法

生态保遗工程主要以政府为主导、各区县（市）为主体，采用生态绿化模式，使遗址保护优化、生态环境提升、休闲空间拓展等有机衔接，合理有效盘活文物资源。以突出展示遗址文化内涵为特色，以实现遗址本体保护和环境安全为前提，协调做好文物研究、保护、传承、利用和发展各项工作，坚持“建成一处，开放一处”，服务社会发展。

遗址生态文化公园规划建设流程包括：遗址调查勘探（考古发掘）→编制遗址公园设计方案→各县（市、区）相关部门联合审议设计方案→市文物局审核指导（按文物级别征求上级部门意见）→各县（市、区）负责施工建设→“建成一处，开放一处”→考核评估→市财政补贴。

▽ 郑韩故城

生态保遗项目谋划中坚持以保护文物、服务群众为出发点，按照以人为本、先易后难、分级建设和辐射带动四个指标，将全市遗址生态文化公园分为三个层级：城市型、城郊型和郊野型。工作中坚持四个主体，即：功能定位以服务社会为主体，展示以遗址文化内涵为主体，植被绿化以本土植被为主体，配套设施以生态、自然、环保材料为主体，展示本土特色。各遗址生态文化公园建设结合遗址地理位置、自然环境特点，可与生态林业、生态农业、生态湿地等生态项目结合实施。

遗址生态文化公园的建成开放，是郑州市构建“博物馆群 + 大遗址公园”全景式集中展示体系的重要基础，是建设华夏历史文明传承创新全国重地的文化支撑，也为郑州建设国家中心城市不断增韵添彩。郑州商城遗址公园、苑陵故城遗址生态文化公园即是其中的优秀代表。

△ 郑韩故城郑新路城墙

▽ 郑韩故城

△ 郑州商城遗址

▽ 郑州商城遗址

△ 大周封祀坛遗址

▽ 大周封祀坛遗址

郑州商城遗址公园规模浩大，城址面积达 25 万平方千米，城内遗迹众多。长期以来，这一区域曾是郑州市中心最集中的棚户区，古城墙伤痕累累，周边环境脏乱不堪。随着经济发展和文物保护意识增强，城区面貌亟待提升，群众改善生活条件的愿望也日益迫切。在多方合力下，遗址公园、博物院等文化新地标英姿已现，六大文化片区、六大协同风貌区建设正稳步推进。以文带旅、以旅兴商、以商承文，3600 多年的古迹生机勃勃，串联一路繁华盛景，融入现代都市生活。

◁ 苑陵故城遗址

◁ 苑陵故城遗址

苑陵故城遗址生态文化公园，是目前建成公园中面积最大的一个，占地近 2000 亩，这座秦汉时期首批实行郡县制的古城代表，历经千年风雨，相对完整的古城墙岿然独存。镂空钢架结构的南大门别具特色，又便于游人观瞻城门内连绵不断、浑厚雄壮的夯土城墙。城内全面覆土后，种植乔木、灌木约 470 个品种，打造出“六圃九囿”景观，以再现中原地区古代人民的居住生活基本情况。开放以来，苑陵故城遗址公园已累计接待游客超过 370 万人次，成为了郑州市遗址生态保护的靓丽名片。

△ 永熙后陵

▽ 永昌陵

◁ 永定陵

▽ 永昭陵

生态保遗工程自提出以来一直深受社会各界关注和认可。2019 年 9 月 15 日，新华社以“郑州以生态绿化方式保护古遗址”为题，进行了专题专报。2019 年 10 月 11 日，《中国文物报》在头版以“让陈列在广阔大地上的遗产活起来——郑州市探索生态保遗工程实践”为题，系统介绍了郑州市生态保遗工程开展的相关情况。2022 年 6 月 13 日，《人民日报》以“环保文保相结合　自然人文互交融”为题进行报道。

三　生态保遗工程的经验总结

从谋划到落地，生态保遗工程获得了巨大的发展，也遇到了许多困难。在遗址生态文化公园建设过程中，对不合理占压遗址的地面建筑物、构筑物实施一次性拆迁，对遗址内的居民、单位实施妥善安置，实现整治一处、保护一处，不留隐患、不留死角，彻底解决遗址保护中长期存在的零星投入、反复投入、效果不显著的问题，遏制遗址保护范围内的城市化进程。在保护态度上，从消极被动向积极主动转变；在保护方式上，由突击式、抢救式、应急式向建立健全制度、形成长效机制的转变，稳健、扎实地推进遗址本体和环境的整体保护。在实现遗址本体和环境安全的前提下，突出遗址文化内涵特色，使其社会、经济、文化、生态效益得到了充分发挥。

郑州大力建设遗址生态文化公园，既是落实国家文化遗产保护战略，又是加快生态郑州、美丽郑州建设，做好文物密集型城市生态化、亲民化保护的创新性举措，更是以生态绿化方式让古遗址“活”起来，形成“地上绿树葱茏，地下气象万千”的文物保护新引擎、新模式，不断扩大郑州作为国家中心城市的文化影响力。

让文物保护成为城市发展的新质生产力

——湖北省云梦县郑家湖墓地考古

供稿单位 / 云梦县博物馆　湖北省文物考古研究院

供稿人 / 张宏奎　罗运兵

云梦历史悠久，文明璀璨。在这片古老而又年轻的土地上出土珍贵文物 7000 余件，包括中华第一律睡虎地秦简、华夏第一楼东汉陶楼、世界第一家书木牍家书、中华第一长文觚。其中，睡虎地秦简荣登《国家宝藏》、获评为“百年百大考古发现”，郑家湖长文觚入选“2021 年度国内十大考古新闻”，郑家湖考古项目荣获“2021 年度全国十大考古新发现”。

郑家湖墓地考古发掘现场

△ 遗址博物馆效果图

一　郑家湖墓地考古的过程与收获

2019年，云梦县政府计划建设民生项目——楚云汇综合农贸市场，立项后勘测到地下有古墓群，经国家文物局批准，湖北省文物考古研究院与云梦县博物馆联合组队，于2020年5月开始发掘。

郑家湖墓地共发掘300余座战国秦汉墓葬，出土各类文物1500余件（套），其中漆木器达400多件（套），不乏人物扁壶、虎头枕、凤形勺等极具特色的珍品，考古工作取得突破性收获。出土的约700字的长文木觚，觚文内容为不见于传世记载的策问类文献，丰富了战国后期政治史的资料。罕见的葬具木板画，题材为首见，为研究秦人的葬俗葬仪、宗教思想、艺术造型提供了重要材料，尤其对研究壁画的形成发展有重要意义。

因其厚重的学术价值、科学规范且富有创新的田野工作，郑家湖考古项目成功入选“2021年中国考古新发现”和“2021年度全国十大考古新发现”。该项目材料的整理研究与价值阐述也获国家社科基金重大项目立项（编号23 & ZD270）。郑家湖墓地考古发现再次证明云梦在秦汉史研究中具有独特的地位。郑家湖考古材料的出土，为研究战国后期至汉初中华多民族统一国家的形成、中华文明从多元一体到大一统进程及其背后所反映的国家认同提供了典型个案。

二　郑家湖墓地考古的困难与挑战

基本建设对考古工作的限制。该项目是配合基建的考古项目，受民生需求的制约，考古时间紧、任务重、可预见性差，既要保护文物又要保障民生，对考古工作提出了更高的要求。

环境突变对文物保护的挑战。郑家湖墓地出土了大批精美漆木器、纺织品，属脆弱文物，发掘后因温湿度变化、微生物霉菌侵蚀等环境因素改变，容易受到严重损坏，这对现场应急处理提出很高的要求。

▽ 考古队合影

△ 出土漆器与板画

管理体制对文物保护的影响。湖北省文物考古研究院主要负责考古发掘研究和现场保护，后期的文物保护工作特别是经费保障与库房建设主要由地方政府承担。由于时间紧迫，容易出现文物保护工作衔接不及时等情况。

三　郑家湖墓地考古的对策与经验

（一）先考古，后出让，高效能补齐地方政府文物保护的短板

筑牢文物保护法治屏障。严格遵守《中华人民共和国文物保护法》及相关法律法规，把文物保护放在优先位置，加强文物保护意识教育。在郑家湖墓地考古过程中，及时发布考古成果，并开放考

古现场开展宣传教育活动，提高公众对文物保护的重要性和紧迫性的认知，增强社会各界对文物保护工作的支持和参与度，营造良好的文物保护社会氛围。加大文物保护投入力度，随着郑家湖墓地考古工作的推进，大批新出土的文物需要“安家”，云梦县委县政府投资 5000 万元，对博物馆的基础设施和展陈方式进行全方位的提档升级，云梦县博物馆于 2023 年 10 月 1 日重新开放。同年，木漆器保护国家文物局重点科研基地云梦工作站挂牌。

▷ 器物提取

▷ 漆器保护

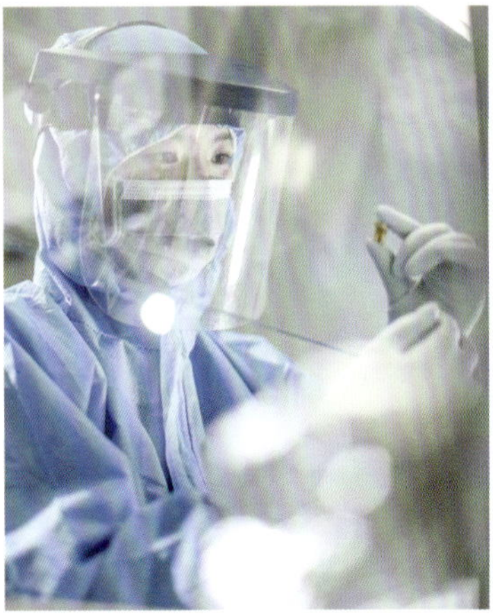

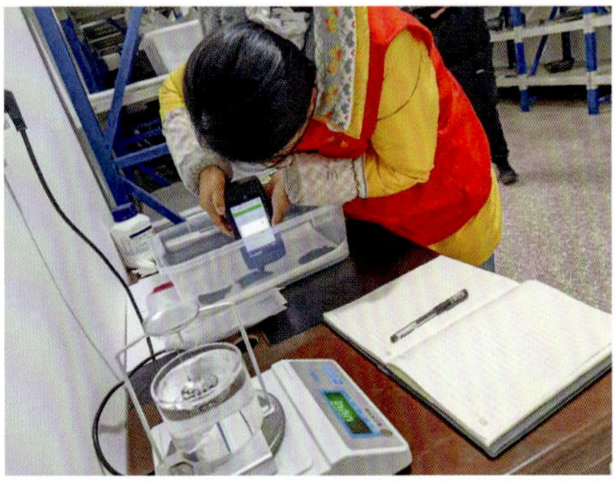

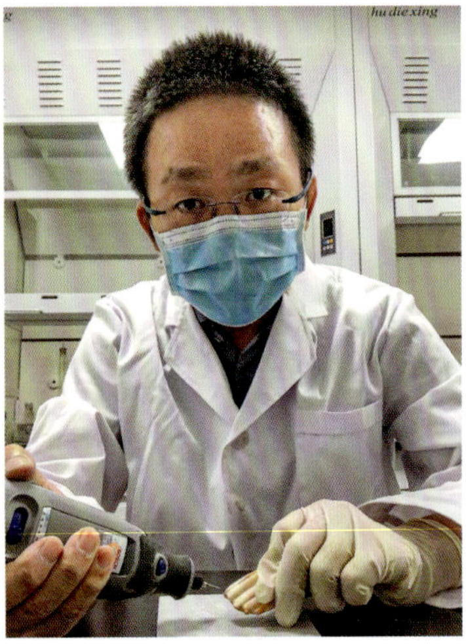

◁ 多学科检测

▷ 宣传与展示

（二）边保护，边研究，高科技拉长我省基建考古工作的长板

切实做好文物现场保护。发掘工作严格遵守《田野考古工作规程》，提前做好工作预案，漆木器、丝织品得以有效保护。边发掘边保护，做好文字、影像记录，避免文物信息遗漏。重点做好出土文物现场保护工作，为后期展示利用打下坚实基础。

重点开展科学检测研究。及时开展了多学科联合攻关，包括碳十四测年、人骨考古、动物考古、植物考古、古DNA分析、同位素分析、残留物分析、成分分析、产地分析、工艺研究和腹土寄生虫检测等，均取得重要收获，特别是多种稳定同位素的系统检测，清晰揭示了南北人群的密切互动，为研究当时民族融合提供了强力支撑。

聚焦2021全国十大考古新发现
三集纪录片
探秘云梦古墓
聚焦考古热点　解谜秦楚旧事
CMG
中央广播电视总台

CMG
中央广播电视总台
郑家湖墓
寻古中国
云梦记
9月11日-9月15日22:30档 央视频APP全网首播
中央广播电视总台 国家文物局 联合摄制

中华第一长文觚
郑家湖
中华第一长文觚

（三）边宣传，边利用，高质量锻造文物保护赋能文旅产业发展的新板

促进文化旅游资源开发。通过对郑家湖墓地考古过程的线上直播，特别是对长文觚出土的报道，形成“郑家湖热”。通过在原址建设“文觚博物馆”，把文物保护与展示开发成文化旅游资源，吸引游客前来参观和体验，推动当地文旅产业的发展。

促进文化旅游产品创新。结合文物保护，创新设计文化旅游产品，开发文博主题游览线路、文物研学体验项目等，为游客提供丰富多样的文化旅游体验，博物馆成为云梦旅游的网红打卡地，年接待游客 30 万人次。

促进文化传承与展示。郑家湖墓地出土珍贵文物移交后，云梦县博物馆提升了原有的展陈，在通史馆的基础上，新增了简牍和漆器两个专题馆。运用现代数字技术实现互动式展示和体验，促进历史文化的传承和展示。

促进文化创意产业发展。郑家湖墓地大量精美漆器的出土，为云梦文创产品研发提供了新的思路和方向。目前开发了系列漆木器工艺品，如长文觚也被应用在镇尺等文创产品的开发上。在文物保

△ 简牍馆展陈中的长文觚

▽ 公共考古活动

△ 简牍主题研学活动

护的基础上，云梦县着力促进文化创意产业的发展，推动文创产品设计、手工艺品制作，为文旅产业注入新的活力和创意元素。

保护文物功在当代、利在千秋。云梦县委县政府高度重视文物保护事业，全县上下协力“让文物活起来”，大力推进文旅融合发展。围绕郑家湖基建考古项目，拍摄了三部考古专题片（央视《探秘云梦古墓》3集、《郑家湖墓地》3集、《寻古中国·云梦记》1集），移交了一批珍贵出土文物，提升了三个展陈，建成了一座现场展示馆，激活了一座城。

郑家湖墓地的考古工作，是新时代文物工作方针的生动实践。郑家湖墓地考古成果对云梦文旅产业的赋能过程，是对新时代习近平文化思想的努力践行。郑家湖墓地基建考古案例，充分证明经济建设和文物保护可以两不误、文物保护和文旅产业可以两手抓，通过多方共治、久久为功实现合作共赢，让中华灿烂的文物文化在新时代熠熠生辉，焕发新的生机与活力。

继续高举城市考古的一面旗帜

——新时代“考古前置”工作机制改革广州实践

供稿单位 / 广州市文物局

供稿人 / 程 浩 曹耀文

南汉二陵博物馆与康陵

一　背景情况

△ 黄埔陂头岭遗址

▷ 广州市文物考古研究院考古调查、勘探、发掘工作指引

广州是中国受现代考古学思想影响最早的地区之一。20 世纪初期，东山龟岗发现南越国木椁大墓，出土几何印纹陶器和刻字木椁底板等遗物，引起诸多学者关注。1953 年，配合城市建设，拉开了大规模田野考古工作的序幕，后被列为全国“城市考古的重要据点”。

广州市委市政府历来高度重视考古和文物保护事业。1951 年底，广州市文物管理委员会成立，负责全市文物保护管理工作。1994 年颁行的《广州市文物保护管理规定》是全国最早的文物保护地方性法规之一。广州考古与文物保护工作曾被张忠培先生誉为“城市考古的一面旗帜”。

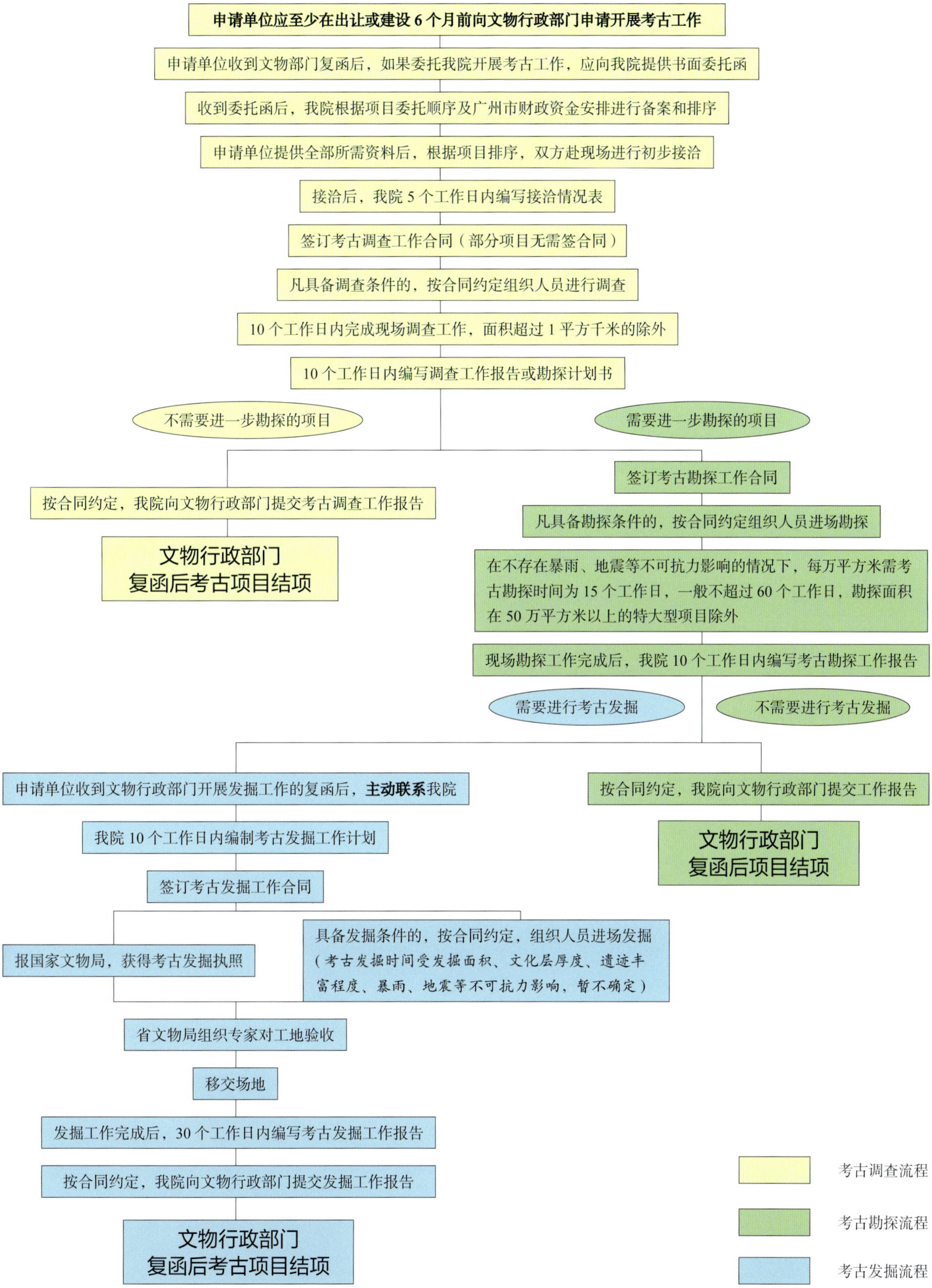
申请单位应至少在出让或建设 6 个月前向文物行政部门申请开展考古工作
申请单位收到文物部门复函后，如果委托我院开展考古工作，应向我院提供书面委托函
收到委托函后，我院根据项目委托顺序及广州市财政资金安排进行备案和排序
申请单位提供全部所需资料后，根据项目排序，双方赴现场进行初步接洽
接洽后，我院 5 个工作日内编写接洽情况表
签订考古调查工作合同（部分项目无需签合同）
凡具备调查条件的，按合同约定组织人员进行调查
10 个工作日内完成现场调查工作，面积超过 1 平方千米的除外
10 个工作日内编写调查工作报告或勘探计划书
不需要进一步勘探的项目
需要进一步勘探的项目
按合同约定，我院向文物行政部门提交考古调查工作报告
文物行政部门
复函后考古项目结项
签订考古勘探工作合同
凡具备勘探条件的，按合同约定组织人员进场勘探
在不存在暴雨、地震等不可抗力影响的情况下，每万平方米需考古勘探时间为 15 个工作日，一般不超过 60 个工作日，勘探面积在 50 万平方米以上的特大型项目除外
现场勘探工作完成后，我院 10 个工作日内编写考古勘探工作报告
需要进行考古发掘
不需要进行考古发掘
申请单位收到文物行政部门开展发掘工作的复函后，主动联系我院
按合同约定，我院向文物行政部门提交工作报告
文物行政部门
复函后项目结项
我院 10 个工作日内编制考古发掘工作计划
签订考古发掘工作合同
报国家文物局，获得考古发掘执照
具备发掘条件的，按合同约定，组织人员进场发掘
（考古发掘时间受发掘面积、文化层厚度、遗迹丰富程度、暴雨、地震等不可抗力影响，暂不确定）
省文物局组织专家对工地验收
移交场地
发掘工作完成后，30 个工作日内编写考古发掘工作报告
按合同约定，我院向文物行政部门提交发掘工作报告
文物行政部门
复函后考古项目结项
考古调查流程
考古勘探流程
考古发掘流程

党的十八大以来，市委市政府认真贯彻落实习近平总书记关于文物工作重要论述和重要指示批示精神，不断完善文物工作机制，出台系列配套措施，构建本地文物保护制度体系，加强文物考古队伍建设，政府财政承担考古工作经费，确保“考古前置”行稳致远，取得较为显著的成效。

二　主要做法

为协调大规模、高强度城市基本建设与文物保护之间的关系，提高城市考古工作效率，实现文物保护与经济发展的双赢局面，广州积极行动。

（1）勇于创新，率先通过地方立法开启“考古前置”工作机制改革

▽ 黄埔甘草岭遗址

△ 黄埔竹园岭遗址

2013 年 5 月 1 日，由广州市人大颁布的《广州市文物保护规定》正式施行，要求出让或划拨国有建设用地使用权前，应当进行考古调查、勘探，由此拉开了全市“考古前置”工作机制改革序幕。随后，又出台《广州市文物保护专项资金管理办法》《广州市国有建设用地供应前考古调查勘探程序规定》等多项配套文件，形成以“先考古、后出让”为基调的配合基建考古的工作机制。

（2）担当作为，由政府财政全额负担考古工作经费

依照常规，凡因进行基本建设和生产建设需要而开展的考古调查、勘探、发掘，所需费用由建设单位列入建设工程预算。广州则明确考古经费由市、区财政负担，不再向建设单位收取，不仅保障了考古工作经费，也降低了土地开发主体的经济负担，优化了营商环境。

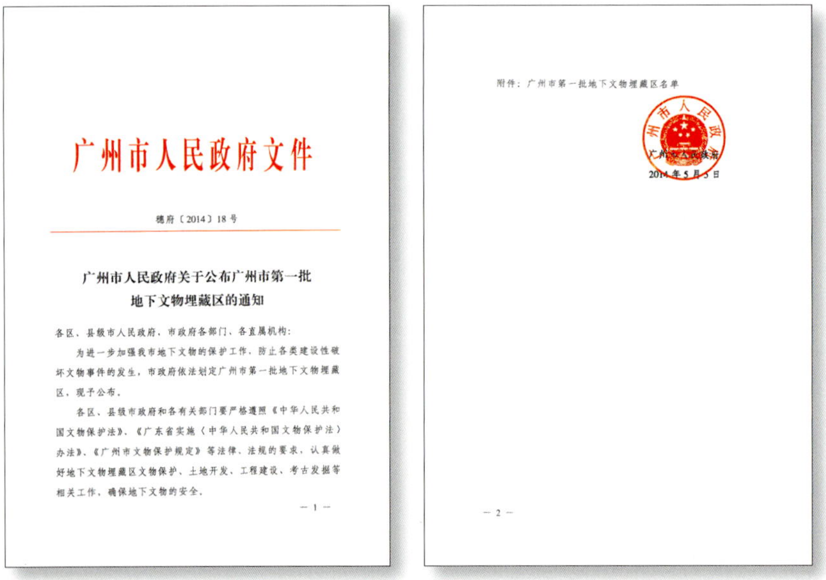

广州市人民政府文件

穗府〔2014〕18号

广州市人民政府关于公布广州市第一批地下文物埋藏区的通知

各区、县级市人民政府，市政府各部门、各直属机构：

为进一步加强我市地下文物的保护工作，防止各类建设性破坏文物事件的发生，市政府依法划定广州市第一批地下文物埋藏区，现予公布。

各区、县级市政府和各有关部门要严格遵照《中华人民共和国文物保护法》、《广东省实施〈中华人民共和国文物保护法〉办法》、《广州市文物保护规定》等法律、法规的要求，认真做好地下文物埋藏区文物保护、土地开发、工程建设、考古发掘等相关工作，确保地下文物的安全。

— 1 —

附件：广州市第一批地下文物埋藏区名单

广州市人民政府

2014年5月5日

— 2 —

广州市第一批地下文物埋藏区公布文件

（3）数字赋能，大力开展文物考古“一张图”建设

2023年，以文物信息化建设为基础，对全市考古档案进行数字化整理，建设文物考古“一张图”。编制《广州市考古项目元数据规范》，开展考古项目数据结构化、项目边界矢量化，将考古项目信息数据整合进一张图中，优化工作流程，进而提高整体工作效能。

（4）因地制宜，推进“考古前置”工作精细化管理

2014年5月，广州市政府公布第一批地下文物埋藏区（共16片），要求在地下文物埋藏区的所有建设工程项目均须落实“考古前置”。同时，基于广州地下文物资源分布不均衡的特点，结合历史地理研究及既有工作成果，依托文物考古“一张图”，分期开展主动性区域考古调查，分批将广州全域划分为三类区域（A类，为已公布的地下文物埋藏区或推荐公布为地下文物埋藏区的区域；B类，即主城区1万平米以上或郊区3万平米以上的地块；C类，为地下文物埋藏低概率地区），并提出相应层级的考古工作要求，以进一步推进“考古前置”工作精细化。

（5）共建共享，做好文物资源展览展示与价值传播

自2021年起，连续4年，将上一年广州地区的重要考古发现策划成展览，打造“寻迹羊城”系列品牌；结合最新考古发现，推出“广州出土汉代珠饰展”“南石头往事”等专题展览；依托部分

△ 南越王博物院

▽ 南越国宫署遗址

考古遗址，组织公众参观和考古体验，把火热的考古工地变成生动的历史课堂，拉近了公众与文物之间的距离，快速实现考古成果转化，以丰富全社会历史文化滋养。

（6）社会参与，加强考古能力建设和质量管理

面对日益增多的配合基建考古项目，广州积极探索，通过公开招标方式，引入社会力量为文物考古工作提供人力支持，有效缓解了在编考古人员不足的压力。同时，制定一系列工作制度，加强对第三方机构的管理，以保障考古工作质量。

三 经验总结

新时代以来，通过“考古前置”工作机制改革，广州继续高举城市考古的一面旗帜，在先秦考古、古城考古等方面均取得一系列新发现，抢救了一批重要历史文化遗存，城市考古和文物保护利用工作亦取得了更大的进展。总结广州文物考古事业取得的成绩，主要经验如下。

（1）强化思想引领，牢固树立保护文物也是政绩的理念。广州始终坚持以习近平新时代中国特色社会主义思想为指导，按照“保护第一、加强管理、挖掘价值、有效利用、让文物活起来”的工作要求，将文物保护和历史文化传承作为地方党委和政府的一项重要工作，为广州的高质量发展贡献力量。

（2）坚持法治护航，以制度创新驱动事业发展。以地方立法开路，为文物事业提供制度保障，是广州能够富有成效地推行“考古前置”工作机制改革的关键一招。一些突破性制度安排，消解了上位法规的模糊空间，解除了文物考古工作人员的顾虑，堵住了文物法制体系漏洞。

（3）加强部门协同，联动落实考古前置工作。协同自然资源、规划、住建等部门，在土地出让和建设项目开展前，严把审核审批关；将“考古前置”作为历史文化名城保护监管内容之一，开展专项督查，强化监督管理；深化执法协作，严厉打击“未考先建”；强化培训力度，提升各职能部门工作人员的文物保护意识。

（4）完善体系建设，夯实人才队伍基础。“考古前置”工作机制改革，势必带来考古工作量的激增，机构编制部门对基层一线考古队伍建设适当倾斜，重点强化田野考古、文物保护修复、科技

“广州出土汉代建筑模型明器展”

“广州出土汉代珠饰展”

考古等急需领域专业人才的引进与培养，建设一支门类齐全、力量更强的考古人才队伍，实现考古事业的持续健康发展。

（5）坚持守正创新，全面构建考古成果阐释传承体系。在保障基建考古的前提下，督促专业人员加快推进考古资料整理与成果转化。建立考古机构与博物馆之间常态化合作交流机制，强化出土文物移交，积极探索多种形式的文物展示方式，让更多的文物走出库房、走向大众，努力推动中华优秀传统文化创造性转化和创新性发展，真正让文物“活”起来。

服务发展大局
赓续巴渝文脉

——重庆市中心城区社会投资项目“用地清单制”

供稿单位 / 重庆市文物局、重庆市文物考古研究院（重庆文化遗产保护中心）
供稿人 / 沈　修　纪　闻　孙立唯

重庆市文物考古研究院（重庆文化遗产保护中心）三馆一院项目全景

一　工作背景

2021 年 4 月，国务院部署在重庆等 6 个城市开展营商环境创新试点，重庆市文物部门抢抓契机、趁势而为，与市规划自然资源局等六部门共同制定《重庆市中心城区社会投资项目“用地清单制”改革工作实施细则》，在重庆市中心城区首次明确拟出让土地前开展考古调查评估和文物现状普查，与配合大型基本建设考古共同构筑起重庆基本建设文物保护工作体系。

自 2022 年 4 月实施“用地清单制”项目至今，全市累计实施“用地清单制”文物考古项目 222 项，完成考古调查勘探面积 49.84 平方千米，编制完成文物考古工作报告 249 份。该项改革举措全面推广以来，重庆市配合基本建设考古项目数量屡创历史新高，提前完成全市“十四五”期间基本建设考古项目“完成 400 项、争取 500 项”的规划目标。

▽ 重庆市考古标本库房及重庆考古展示中心效果图

沙坪坝文旅委关于地块出让文物调查勘探工作流程会议

与业主洽谈地块项目

重庆市文物局“用地清单制”专题工作会

◁ 现场核查文物点

◁ 现场核查文物点

二　主要做法

推动基本建设考古前置，以“三个确立”为结果导向，以“两项机制、三条标准、四张清单”为主要抓手，建立工作机制、完善审批流程、明确经费渠道、服务发展大局，高质量推进重庆市中心城区社会投资项目“用地清单制”文物考古事项改革。

（1）总体确立考古前置工作机制。将建设工程文物保护和考古许可纳入重庆市工程建设项目审批一站式服务，形成一个窗口、一张表单、三张审批许可的“113”工作体系。在全国率先推行区域文物影响整体评价试点，对市内 65 个未建设存量园区开展整体评价，积极探索文物保护融入城市整体发展新路径。在中心城区全面落实考古前置，入驻市住建委工程建设审批大厅，配合市文物行政部门开展建设工程文物保护和考古许可事项申报审批，将审批时限缩短至 6 个工作日，进一步优化营商环境，助力基本建设项目加快落地。

大足区永和墓群

◁ 使用 RTK 设备辅助文物调查

（2）全面确立考古前置技术标准。制定工作经费预算标准，结合全国行业情况和精准测算，拟定项目调查、勘探经费预算标准，创新相关标准年度动态更新机制。制定考古调查勘探技术标准，严格按照《田野考古工作规程》要求，结合重庆文物埋藏特征，进一步统一和规范考古调查方法和过程、考古勘探区域和面积、标本采集和文物遗存初步清理等技术标准。制定项目调查勘探工作报告编制标准，根据调查成果分为甲、乙、丙三类，重点突出发现文物数量多、保护等级高的调查报告；对无重要发现的项目减少报告编制及审批环节，提高工作效率。

（3）有效确立考古前置实施体系。建立“数字清单”，积极融入“文化・巴渝文物”应用文物考古发掘子系统建设，建立“用地清单制”项目数据库，建立市、区县、实施单位等信息共享机制。建立“台账清单”，强化项目领队负责制，围绕项目工作内容、进度、存在问题等 32 项重点内容，整体规划、统筹安排，明确任务措施、责任分工、时间节点等，实行挂图作战、倒排工期。建立“自查清单”，每月召开“回头看”专题例会，集中对项目完成情况进行自查自核，对已完成项目及时“对账销号”，对存在问题的项目及时研究难点、打通堵点。建立“合作清单”，积极吸收山地自然地理、硬覆面勘探技术、历史影像等领域的专业机构开展项目合作，全面提升考古调查勘探工作质量，建立合作项目审批、实施、验收闭环管理机制。

调查勘探

△ 武隆关口一号墓

三　经验总结

（一）案例亮点

及时有效补足政策缺环，全面落实“先考古、后出让”制度，全市中心城区考古前置高位融入城市整体发展战略布局，技术标准、审查流程、操作细则接轨市级标准平台。全面推进城市更新中的文物保护传承，深度融入重庆中心城区国土空间规划，对文物做到应保尽保，推动重庆国际物流枢纽园等 17 个项目规划修编，营造出文物保护人人有责的良好社会氛围，推动城市建设与文物保护和谐发展。积极探索山地城市考古技术应用，普遍运用 GIS 系统、数字航测技术等科技手段开展田野考古工作，与田野考古数字化系统进

◁ 武隆关口一号墓椁室第二层盖板

▽ 武隆关口一号墓出土木船模型

一步整合，提升田野考古效率与精细化作业水平，形成“全面调查，重点勘探，分类评估”的考古前置“重庆模式”。夯实筑牢考古机构发展保障，通过“用地清单制”文物保护改革，重庆市财政局明确将配合基本建设考古收费列入事业收入范畴，用以保障考古事业发展；市委编办累计新增市文物考古研究机构编制 38 名；先后举办两期全市田野考古培训班，保障基建考古人才技术力量。

（二）推广价值

在立足新发展阶段，贯彻新发展理念，构建新发展格局的背景下，重庆作为营商环境创新试点城市，为确保考古前置改革落实落细，重庆市文物考古研究院积极明确技术标准、实施细则、项目推进等工作环节，率先建立因地制宜的“用地清单制”文物保护标准化体系；打破被动、传统的服务模式，从零散委托到整合打包委托、签署合作框架协议等，优化工作流程，缩短工作周期；加大专业队伍整合的力度，充分调动区县文物机构参与项目合作的积极性，有力保障了土地顺利挂牌出让。上述三个方面的创新工作为政策有效落地和长远发展提供有效依据，为解决新政策推行下文物保护与经济社会的协调发展提出可行举措，为推进文物事业高质量发展提供可借鉴、可复制、可操作的经验案例。

（三）工作展望

重庆市文物部门将在完善项目文物保护地方标准化体系化建设、夯实专业技术力量和人才队伍建设、优化区县文物管理机构协同合作、跟进后续文物保护工作等方面深耕细作，全面提升文物保护整体工作水平，推动重庆市“用地清单制”文物保护改革工作再创新局面，努力实现在保护中发展、在发展中保护。

保护·展示·传承

——四川成都东华门遗址保护展示利用

供稿单位 / 成都市文物局 成都文物考古研究院

供稿人 / 颜劲松 王 林 王占魁

东华门遗址公园 （东华门遗址文化发展公司供图）

△ 东华门遗址展示利用现状（东华门遗址文化发展公司供图）

一 概况

东华门遗址位于四川省成都市青羊区东华门街至成都体育中心一带，2013 ～ 2019 年为配合成都体育中心改造提升建设，经国家文物局批准，成都文物考古研究院对该遗址进行了考古发掘，发现水井、道路、河道、建筑、沟渠等丰富遗迹，以及汉代蜀郡官署、隋唐至宋代摩诃池、五代宣华苑、明代蜀王府、清代贡院等，出土汉代至明清重要文物上万件，为研究长达 2400 余年的成都城市史提供了珍贵资料，是考察成都古城形态及其演变进程的文物窗口和时空坐标。

东华门遗址公园
（东华门遗址文化发展公司供图）

△ 东华门遗址发掘区（东华门遗址文化发展公司供图）

成都市委市政府高度重视东华门遗址的保护工作，结合遗址特有的文化及区位优势，明确将其进行原址保护展示，建设成集遗址保护、展览展示、文化旅游、社教研学等功能于一体的考古遗址公园，并与成都体育中心改造提升项目一体化推进，由成都文旅集团负责具体实施，使之成为认识成都的地理标识和唤起成都历史记忆、传承优秀历史文化的场所，进一步彰显特色文化形态，不断提升城市文化内涵和品位。

明代蜀王府内部道路

摩诃池沿岸的宋代卵石步道

二　推进举措

（一）高标准开展考古发掘，全面厘清遗址布局

为全面厘清东华门遗址各时期遗存布局，成都文物考古研究院按照田野考古相关规范标准耗时 6 年完成遗址的发掘工作，其间多次邀请国内顶级专家实地踏勘，研讨解决相关疑难问题，对发现的汉代蜀郡官署、隋唐至宋代摩诃池、五代宣华苑、明代蜀王府、清代贡院等重要遗存的年代、性质、形制格局等信息有清晰和准确的认识，为遗址的保护利用提供更多、更翔实的考古依据。

▽ 东华门遗址出土器物

明代宣德官窑青花大碗

青花云龙纹高足碗

白釉佛龛

白釉褐彩云龙戏珠纹盘

△ 明代蜀王府苑囿区的水池及台榭

▽ 明代蜀王府苑囿区的河道及木构水榭建筑

△ 明代蜀王府水道桥墩遗迹
（东华门遗址文化发展公司供图）

▽ 东华门遗址公园
（东华门遗址文化发展公司供图）

（二）不断加强遗址价值挖掘阐释

省、市文物局组织成都文物考古研究院、成都市文物信息中心等文博机构加强文献史料对照研究，加快对发掘成果进行汇总、编撰、研究、发布。邀请中国古迹遗址协会、中国社会科学院考古研究所、故宫博物院、清华大学、北京大学等单位的专家学者对遗址的历史、科学、艺术、社会与文化价值进行总结凝练，为讲好遗址故事提供学术支撑。

（三）加强省市协同，科学确定遗址保护方式

东华门遗址浓缩了成都城市发展史，是独一无二的考古发现，省、市文物局多次组织国内外专家就遗址保护进行论证咨询，专家一致认为：该遗址的发现再次有力地证明了成都是中国历史上历经两千多年“城名未改、城址未变、中心未移”的历史文化名城，是成都城市发展不可或缺的地标实证。基于其重要价值，应将其完整保存下来，将其发现的历代重要遗存纳入城市历史文化展示体系统筹考虑。根据专家意见，省、市文物局就遗址保护多次与成都市政府进行沟通，并取得共识，经成都市 3 次立项，7 次市规委会审议，最终确定将遗址的保护展示利用与成都体育中心改造提升项目一体化整体推进。

（四）积极践行新时代文物工作方针，系统推进遗址保护展示工作

四川省将东华门遗址公布为第九批省级文物保护单位，并列入“蜀道申遗”的重要组成部分，提升遗址保护层级。成都市构建以市政府主要领导挂帅，住建部门牵头，规划、文旅、属地政府密切配合的工作机制，统筹协调、快速推进一体化项目实施。文物部门充分发挥国内外文物保护团队优势，高质量、高标准做好文物保护及展示利用方案编制与实施，目前已完成外场本体保护及展示利用工程，内场文物本体保护方案以及内外场文物展示总体策划方案的编制，遗址的文物保护展示利用工作将在 2025 年底全面完成。

有序推进遗址公园逐步向公众开放，2023 年 7 月东华门遗址公园外场遗址区已正式对外开放，主要采用遗址原状展示和模拟展示两种方式，设有“壮丽威仪”“水殿风来”“天府之中”三大展览单元，通过设置数字语音导览，点缀富有古韵的植被和景观小品，配合多维度的展示系统，加强了历史文化与游客之间的互动。

三　工作亮点

（一）将东华门遗址的保护展示利用与都市核心区考古遗址公园建设相结合

按照《国家考古遗址公园管理办法》《大遗址利用导则（试行）》的有关要求，成都市对国家考古遗址公园规划编制和保护展示状况进行深入分析，对规划文件、管理政策、保护技术等方面开展调研和评估，深入了解国家考古遗址公园规划编制及展示逻辑，明确东华门考古遗址公园建设策略，继而推进东华门遗址所在国土空间规划的资源整合、规范传导和协同决策。

（二）将东华门遗址的保护展示利用与城市更新背景下的都市核心圈文旅商一体化利用相结合

成都市对全国范围既有都市核心圈城市更新及文旅商一体化利用现状进行调研，分类挖掘分析不同地域不同环境的都市核心圈更新模式及与文旅商融合的典型案例，对不同的利用方式进行系统梳理，并以东华门遗址为研究对象，探究系列一体化利用方案的可行性，包括：以文化为核心点，联动旅游、商业发展的一体化利用；以旅游为着力点，推动文化商业的一体化利用；以商业为驱动器，激发文旅创意的一体化利用。着力构建丰满立体的旅游意象，吸引公众消费力并实际应用。

（三）将东华门遗址的保护展示利用与沉浸式公众考古研学相结合

成都市充分结合东华门遗址展示利用的现实需求，在东华门考古遗址公园建设过程中，加强沉浸式公众考古研学与遗址展示相结合的实践研究，充分利用各类先进科技，如虚拟现实、增强现实、3D 重建等，助力城市核心区考古体验。

结合东华门遗址发掘情况，进行实景化设计，包括恢复原貌、还原历史场景、建设展示设施等，让公众参与考古研学活动，亲身体验考古发掘的过程和方法，包括模拟考古挖掘、参与文物保护修复、参观考古实验室等活动，满足广大公众对考古遗产的认知需求。

▷ 东华门遗址外场遗址东北角（东华门遗址文化发展公司供图）

考古前置的“成都探索”

——构建基本建设考古前置先行示范区

供稿单位 / 成都市文物局　成都文物考古研究院

供稿人 / 颜劲松　王　林　谢　林　王占魁

金沙遗址兰苑地点

△ 宝墩遗址考古工作站

一　概要

为深入落实“先考古、后出让”制度，成都市牢固树立保护历史文化遗产责任重大的观念，在国家文物局、四川省文物局的深入指导和市委市政府的大力支持下，积极探索基本建设考古前置先行示范区建设，在全市范围内构建新供应土地在土地上市前、存量用地在施工建设前必须完成考古勘探发掘的考古前置工作体系，既有效保护了地下文物安全，延续了天府文化历史根脉，又有力保障了城市建设，服务了城市发展大局。

二　主要举措

（一）建立地下文物保护制度体系

完善法律法规。成都市修订《成都市文物保护管理条例》《成都市大遗址保护条例》等，细化基建考古有关条文表述，颁布《成都市工程建设项目审批制度试点改革工作方案》等，明确土地储备前必须进行考古勘探发掘，进一步强化基建考古实施的法律效力。

划定地下文物保护范围。市文物部门会同市规划自然资源、住建部门划定和公布了成都市地下文物保护范围（包括地下文物埋藏区、地下文物重点监测区），并将其纳入国土空间规划、历史文化名城保护规划以及“多规合一空间数据信息平台”，明确全市基建考古工作的实施区域。

▽ 宝墩遗址田角林地点

建立工作机制。成都市政府将考古勘探发掘列为工程项目审批目录清单，在全国首创土地储备考古前置审批“成都模式”，自2018年起，由市文物部门独立进行土地储备考古勘探发掘行政审批。同时调整土地供应会商机制，自2019年起，市文物部门作为表决单位之一，参加全市新供应土地出让初审、决策会议，对土地能否出让进行表决，为土地储备考古前置落实落地提供机制保障。

加强经费管理。根据国家相关规定，市文物部门根据工作量、土质疏松程度、项目类型等实际情况科学研究制定考古勘探收费标准，并及时向社会公布。全市文物勘探收费全部纳入市财政管理，接受审计部门的监督。

规范工作程序。市文物部门编制《成都市地下文物调查勘探试掘办事指南》下发各（区）市县，并同步向社会公布，进一步加强对考古勘探发掘工作的规范化管理。

▷ 老官山汉墓

▽ 商业街船棺

（二）建立考古勘探发掘业务体系

增强业务力量，提高工作效率。成都文物考古研究院将中心城区以外的15个区（市）县的考古勘探工作联合当地文管所共同实施，还与金牛区等6个区县签署合作协议，支持区县建设“考古工作站”，基层文物人才队伍力量持续增强，工作效率明显提高。

优化工作流程，创新工作方式。采用“分批勘探”“逐块移交”的工作方式，积极推行“框架协议”制度，选择自贸试验区、产业园区等区域试点开展“区域评估”，缩短进场时间，提高工作效率，保障建设项目工作进度。

加强行业管理，提升服务意识。严格实行限时承诺制，明确不同面积地块的工作时限，勘探完成时间相较实施前平均提前5～10个工作日；实施满意度评价制，每一考古项目由项目单位进行满意度评价，文物部门定期检查评价结果，适时提出整改意见；推行告知承诺制，对需要加快上市或尽快开工建设的省市重大项目，由文物部门开辟行政审批绿色通道。

△ 成都考古中心

▽ 成都博物馆

△ 公众考古社教活动

（三）建立健全内部管理体系

通过印发《成都市文物考古工作队（院）文物勘探发掘工作管理办法》，清晰界定各业务部门的工作范畴、职责分工及工作程序，强化项目负责人及相关部门的制度意识。同时，建立并实施了考古勘探发掘检查验收制度，细致规定了验收流程与土方量、用工量、计费面积等关键指标的测算标准，旨在实现验收的全面性、监控的严密性和数据的精确性，进而推动考古勘探全过程步入规范化轨道。在此基础上，持续聚焦于制度的有效落地，不断优化内部运行机制，加强对考古发掘工地的全链条监督管理，旨在全面转变工作作风、提升工作效率。

三 工作亮点

（一）有效保护了地下文物

截至目前，成都已取得全国重要考古发现 20 余项，其中 6 项考古成果被评为“全国十大考古新发现”，数量在全国副省级城市中居于前列。考古发掘出土数十万件珍贵文物，不仅为金沙遗址博物馆、成都博物馆等提供了大量藏品，更填补了长江上游文明起源发展进程的空白，实证了成都平原 4500 余年文明史、2400 余年建城史，极大丰富了历史文化名城的内涵。

△ 金沙遗址博物馆

▷ 邛窑遗址保护展示

（二）有力服务城市发展大局

伴随着“先考古、后出让”制度的不断深化，全市新供应土地在出让前便完成考古工作，确保建设单位“拿地即开工”，避免因地下发现文物导致项目建设受影响甚至无法开展的现象，进一步优化了城市营商环境。“十四五”以来，配合基本建设开展调查勘探项目4800余项，有力保障了引大济岷、成都大运会、天府国际机场、轨道交通续建项目等200余个重大项目开工建设，促进了城市的建设发展，受到了上级部门、建设单位和社会各界的好评。2020年，成都市文物考古研究院被成都市委市政府授予“成都国际化营商环境建设先进集体”。

（三）极大促进全市文博事业发展

经过数十年发展，成都文物考古研究院建成西南地区首家考古博物馆，形成田野考古、文物保护、科技考古、古建设计、信息管理五大科研中心。承担了50余项国家、省部级重大科研课题，出版学术专著90余部，发表论文和发掘简报近1500篇，荣获国家级、省部级及成都市政府社会科学优秀成果奖、荣誉奖等80余项，综合排名位于全国省市级考古机构前列，已成为国内一支重要的考古力量。

与此同时，考古工作对文物保护、博物馆建设、社会教育、文化传播等方面的推动作用日益彰显。重大考古发现有力推动了金沙遗址博物馆、成都博物馆、水井坊酒坊遗址博物馆建成开馆，邛窑遗址、宝墩遗址、明蜀王陵等一批重要的考古遗址公园也陆续建成。充分发挥考古在中华优秀传统文化传承创新体系建设中的重要支撑作用，助力成都世界文化名城建设。

跨越千年　协力共建

——贵州大松山墓群考古发掘及文物保护

供稿单位 / 贵州省文物考古研究所

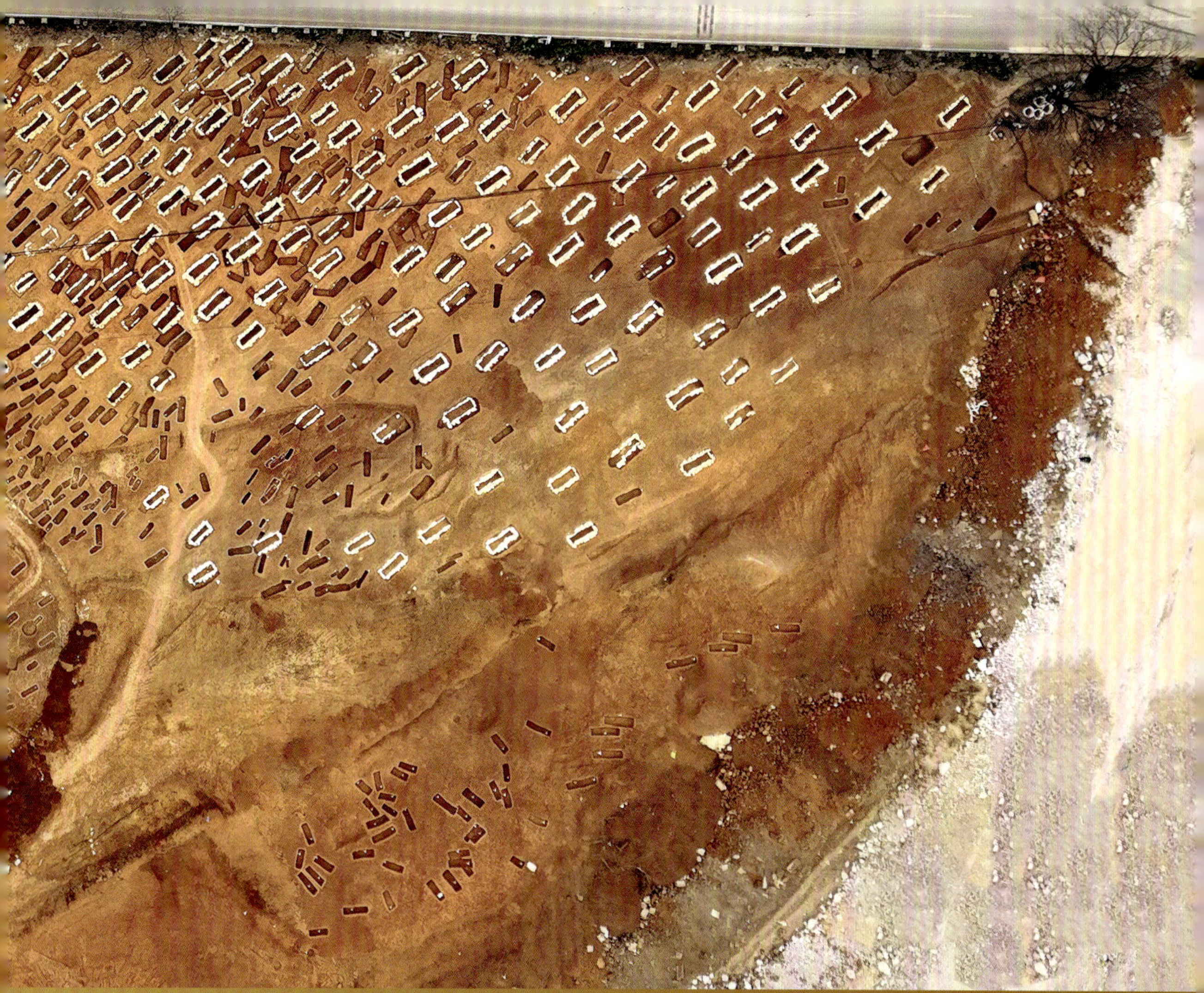

坟坝顶发掘区

一　概况

△ 发掘现场

大松山墓群位于贵州省贵安新区马场镇，2021 年配合贵州医科大学新校区一期项目建设时发现，整个墓地散布于 3000 余亩的贵州医科大学新校区建设范围内。2022 年 7 月至 2023 年 1 月，贵州省文物考古研究所等对该墓群开展了全面考古发掘，共清理墓葬 2192 座，出土各类文物 4000 余件（套），其中不乏如金挂饰、银梳背、铜条脱、贴金铜盘、铜印章、锡鱼、铜铃、串珠、项饰、银梵文种子字等造型独特、工艺精湛的珍品，还有反映中外文化交流的宝石和玻璃珠等。大松山墓群考古获评“2022 年度全国十大考古新发现”。

大松山墓群是贵州目前已发掘规模最大、延续时间最长的一处墓地，为研究贵州东晋南朝时期的墓葬形制、埋葬习俗、经济状况、文化面貌以及民族融合等提供了大量资料，这批墓葬体现出极强的地域和民族特色，填补了两晋至隋唐时期考古以及西南民族考古的诸多空白。整个墓地从两晋一直延续到宋元明时期，发展脉络清晰，反映了黔中地区古代文化的进程。

大松山墓群见证了汉晋至明代黔中地区社会文化中心逐渐转移至贵阳周边的进程，以及明代贵州建省前后社会经济的剧烈变化，其文化面貌既体现出地域文化传统的长久延续，同时兼有中原地区、长江中下游地区、四川盆地、域外等文化因素，还反映了当时的生活、商贸、信仰、丧葬等情况，是展现西南边疆古代少数民族生活的历史画卷。同时也是中央政府在贵州实行“土流并治”，各地区各民族在交往、交流、交融过程中构建中华民族多元一体格局的生动体现。

▽ 考古工地一角

◁ 铁器修复

二　发掘研究理念

大松山墓群在发掘中，注重边发掘、边保护、边整理、边研究的工作理念。为提升发掘过程中的科研水平，更完整地提取到信息，更好地阐释大松山墓群文化内涵，贵州省文物考古研究所与多所院校合作，开展体质人类学、古 DNA、地质学、历史学、文献学、民族学等多学科综合研究，并用多技术手段对出土漆器、铁器、青铜器、

▽ 发掘现场

发掘现场

银器等器物进行分析检测和保护修复，目前已开展墓葬建造使用石材的材质和来源、出土木材的材质和种属、出土容器中的残留物成分、出土玻璃珠的时代和材质、出土人骨的 DNA 和同位素等方面的研究，获得多样收获，大大拓展了大松山墓群的研究前景。

发掘结束后，贵州省文物考古研究所对墓葬发掘资料进行全面整理，目前出土陶瓷器和铁器的修复工作已接近完成，青铜器、银器、漆器的修复及研究工作正在稳步进行，大松山墓群考古报告即将公诸于世。

三　保护与利用实践

考古发掘时，各级地方政府高度重视大松山墓群的考古发掘及文物保护工作，多次调研大松山墓群发掘现场并积极向省委省政府提案，要求对大松山墓群发掘进行现场保护。发掘完成后，贵州省委省政府将原属于贵州医科大学建设用地范围内的 88 亩土地划出，作为大松山墓群的现场保护用地，用于今后的展示以及大松山遗址博物馆和贵州省考古标本库房建设。经过多方努力，目前考古标本库房已立项。

墓地所在的贵安新区马场镇夏季多雨，裸露的墓坑直面雨水冲刷，墓坑坑壁破坏严重，且发掘现场直接展示效果不甚理想，经多次讨论研究和论证，并结合其他地区墓葬保护经验，决定对大松山墓群坟坝顶墓区进行回填性保护，并通过种植不同色彩的花卉标识不同时期的墓葬分布情况。2023 年 8 月，坟坝顶墓区回填性保护工作完成。回填保护之后的大松山墓群露天展示区，一部分位于贵州医科大学校园内，另一部分则位于校园围墙外，将通过廊桥，与相邻的贵州省考古标本库房、大松山遗址博物馆相连，成为整个文化景观的一部分。

▽ 贵州省考古博物馆、贵州省考古标本库房、大松山遗址公园效果图

△ 贵州省考古标本库房效果图

▽ 贵州省考古博物馆、贵州省考古标本库房效果图

△ 大松山墓群发掘开工合影

大松山墓群的发现为研究西南地区历史和文化提供了重要实证，也是理解中国古代文明多元一体格局和区域文化交流的生动案例。依托大松山墓群开展的一系列保护展示工作，也是贵州实现基本建设与文物保护“双赢”的一次积极探索和典型实践，为贵州后续做好城市建设中基本建设考古工作提供了有益的思路和借鉴。

▽ 晨曦下的大松山墓群回填现场

云南晋宁古城村遗址的保护利用实践

供稿单位 / 云南省文物考古研究所
供稿人 / 周然朝

晋宁古城村遗址公园展示效果图

“十四五”以来，云南在推动城乡建设高质量发展中不断加强历史文化遗产的系统保护、利用和传承，积极探索符合云南实际，富有云南特点，同时又具有示范意义的文物保护利用模式，晋宁古城村遗址的发掘研究和保护利用实践，正是其中的代表性案例。

一　聚焦关键区域关键遗址，打牢工作基础

古城村遗址位于滇池东南岸，是云南滇文化诸多贝丘遗址中保存较完整的一处，面积近 10 万平方米，堆积厚度接近 7 米。2019 年，受古滇绿色康养健康城项目的建设影响，云南省文物考古研究所对古城村遗址进行了细致的考古调查勘探工作，准确探明遗址核心区面积及堆积保存情况，发现重要居住类遗迹，为后续考古发掘区域的选择、遗址价值及重要性的准确研判提供了重要依据。

△ 遗址发掘区

古城村遗址位于滇文化分布的核心区，也是滇文化考古的关键遗址，对关键区域关键遗址保持持续关注，持续开展扎实的基础调查、勘探和研究工作，是古城村遗址最终得以妥善保护，取得重要成果的前提。

二　强化课题意识，提升基建考古田野工作质量

不断提高基建考古发掘工作质量，提升田野发掘工作的规范化和精细化水平，是建设中国特色、中国风格、中国气派考古学的必

然要求。古城村遗址的第一次发掘是配合基本建设的抢救性发掘，面临时间紧、任务重、难度大的压力。但是考虑到遗址保存的完整性及其在滇文化考古研究方面的重要性，同时也意识到遗址的发掘可能是一次探索实践贝丘遗址聚落考古田野工作方法的绝佳机会，因此，发掘团队采取了谨慎的态度和严谨细致的工作思路，在发掘前制定了完备的工作计划及符合遗址实际的发掘、现场保护、采样、测绘、记录、照相录像、多学科合作等各环节实施细则，发掘过程严格按照《田野考古工作规程》相关要求进行，保证了第一次发掘工作按时高质量顺利完成。2021 年，古城村遗址转为主动性发掘

▷ 半地穴式房址（F26）

▷ 发掘现场

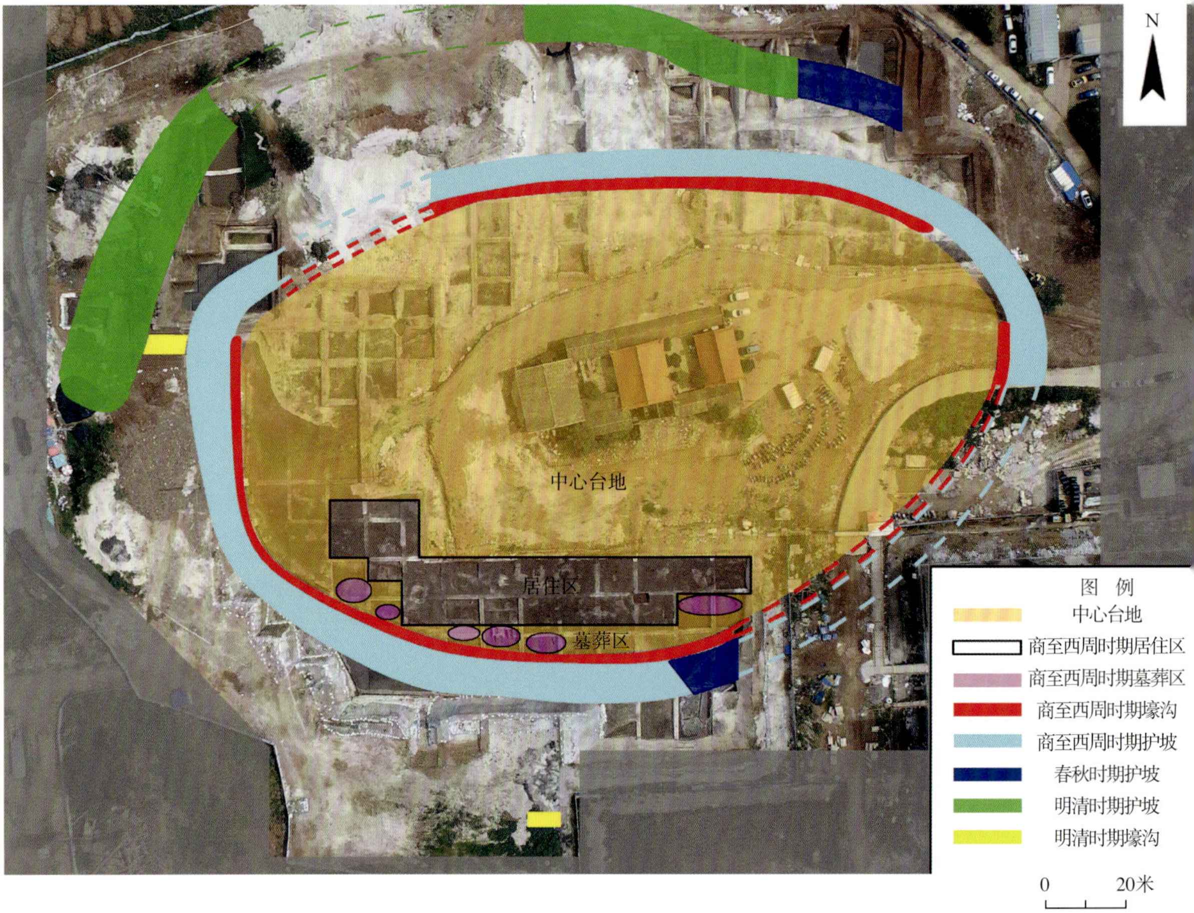

△ 环壕聚落结构示意图

项目，并于 2022 年和 2023 年连续进行了两次主动发掘。后期经过对发掘资料的系统梳理和研究，对遗址的年代、文化属性、内涵、重要性等问题形成了阶段性深度认识，为最终解决滇文化起源问题，完善云南青铜时代考古学文化谱系奠定了坚实基础。2023 年 2 月，国家文物局在“考古中国”重大项目工作推进会上推介了古城村遗址考古工作成果。

三 坚持“先保护、后利用”，把保护第一落到实处

古城村遗址最重要的考古发现是揭露出由中心台地及外围的壕沟和护坡共同组成的保存完整的椭圆形环壕聚落结构，充分展现了高原湖滨贝丘人群主动适应滨水环境的生存智慧和因地制宜、因势而建的聚落营建理念。这种聚落形态在目前已知的滇文化百余处遗

▷ 遗址南部贝丘堆积剖面

▽ 石寨山大遗址考古工作站

址中是第一次发现。遗址形态的完整性、稀缺性以及遗址学术价值的重要性，构成了遗址价值最主要的核心要素。在遗址如何保护的问题上，云南省、市、区相关各级各部门，特别是遗址所在地地方政府高度重视遗址的保护工作。通过开展实地调研、考察学习、专家论证、各职能部门综合协调等，最终做出了停止遗址所在地块的项目建设，对遗址进行原址整体保护的决策，古城村遗址成为云南首个进行原址整体保护的古遗址，这也是云南第一个基建项目为文物保护让路的案例。2022 年，遗址的保护规划编制完成，2023 年 3 月，遗址被公布为晋宁区第六批区级文物保护单位，同年 9 月被公布为昆明市第八批市级文物保护单位。

四　整合优势资源，积极引导社会资本参与遗址保护

古城村遗址是滇池盆地已知贝丘遗址中贝丘堆积保存最厚的一个，走进遗址发掘区，厚达 6.5 米的螺壳堆积剖面高高耸立，给人以强大的视觉冲击力。古城村遗址也是云南高原湖滨贝丘遗址的典型代表，发掘发现了大量独具贝丘遗址特色的遗迹及遗物，生动再现了高原湖滨贝丘先民临水而居、泛舟滇池、捞螺捕鱼、狩猎采集的文化景观，是开展遗址保护展示和活化利用，讲好古滇故事的绝佳素材。

遗址地理区位优越，向西距离滇池湖滨直线距离仅 2 千米，向西南距离石寨山古墓群和河泊所遗址仅 8 千米。周围有环湖路、昆玉高速等交通主干道连接昆明市区，有已建成的国立艺专旧址公园和在建的石寨山国家考古遗址公园，还有配套设施完善的七彩云南古滇度假区、温泉山庄、大型游乐场、湿地公园等成熟文旅游线资源，具备打造农文旅游览联动大环线的良好外部条件。

立足贝丘特色，深挖遗址核心文化内涵和价值，以一点连一片，建设以古滇贝丘文化为主题的考古遗址公园，完整展示滇文化贝丘聚落形成、发展、演变、衰亡全过程，讲述高原湖滨早期人群适应自然、改造自然的故事，追寻滇文化根脉源起，延伸滇文化历史轴线，是古城村遗址开展遗址保护和文物活化利用的主导思路。目前，相关部门正在加紧实施遗址公园建设工作，地方政府也在积极争取政策支持，探索土地出让金反哺文化遗产保护制度，同时多渠道拓展资金来源，引导社会资本参与共建遗址公园。公园建成后，将成为云南第一个省级考古遗址公园，在展现古滇历史文化深厚内涵、助推云南文旅深度融合、丰富公众历史文化滋养方面发挥重要作用。

◁ 晋宁古城村遗址防护大棚效果图

▷ 遗址文化层

▽ 出土遗物

西安城市考古“一张图”平台

——城市考古西安模式

供稿单位 / 西安市文物保护考古研究院

西安中心城市叠压在大量的古代遗迹上，城市快速扩张严重挤压文物保护空间，考古任务艰巨，亟须从根源上整体把握考古工作，全面梳理地下遗迹分布状况，为城市规划建设有效避让地下文物提供科学依据。西安市文物保护考古研究院承担了大量配合基本建设的考古工作，积累了丰富的考古资料。但这些资料多以纸质档案形式存储，未经系统整理和发表。加之早期田野考古工作缺乏科学测绘技术支持，导致大量遗迹缺少绝对坐标，很难落到“一张图”上。

西安文物考古一张图服务平台
Xi' An Cultural Relics And A Map Services Platform
首页
数据中心
一张图
窗口对比
协同标绘
共享交换
文献共享
图库资源
关于我们
一张图
文物考古数据展示
ARCHAEOLOGICAL DATA DISPLAY OF CULTURAL RELICS
窗口对比
个性化卷帘对比
PERSONALIZED CURTAIN CONTRAST
协同标绘
创建自己的地图故事
CREATE YOUR OWN MAP STORY
数据中心
DATA
三普数据
考古勘探
考古发掘
文保单位
文献共享
DOCUMENT
25
2019-12
三维GIS在考古中的应用
本书由刘亚教授组织编写
09
2019-12
JavaScript高级程序设计（...
暂无
21
2019-10
咸阳二零二所西汉墓葬出土...
《考古与文物》2006年第1...
21
2019-10
陕西咸阳二零二所西汉墓葬...
陕西咸阳二〇二所于咸阳市...
签到
反馈
版权所有©西安市文物保护考古研究院

“一张图”平台首页

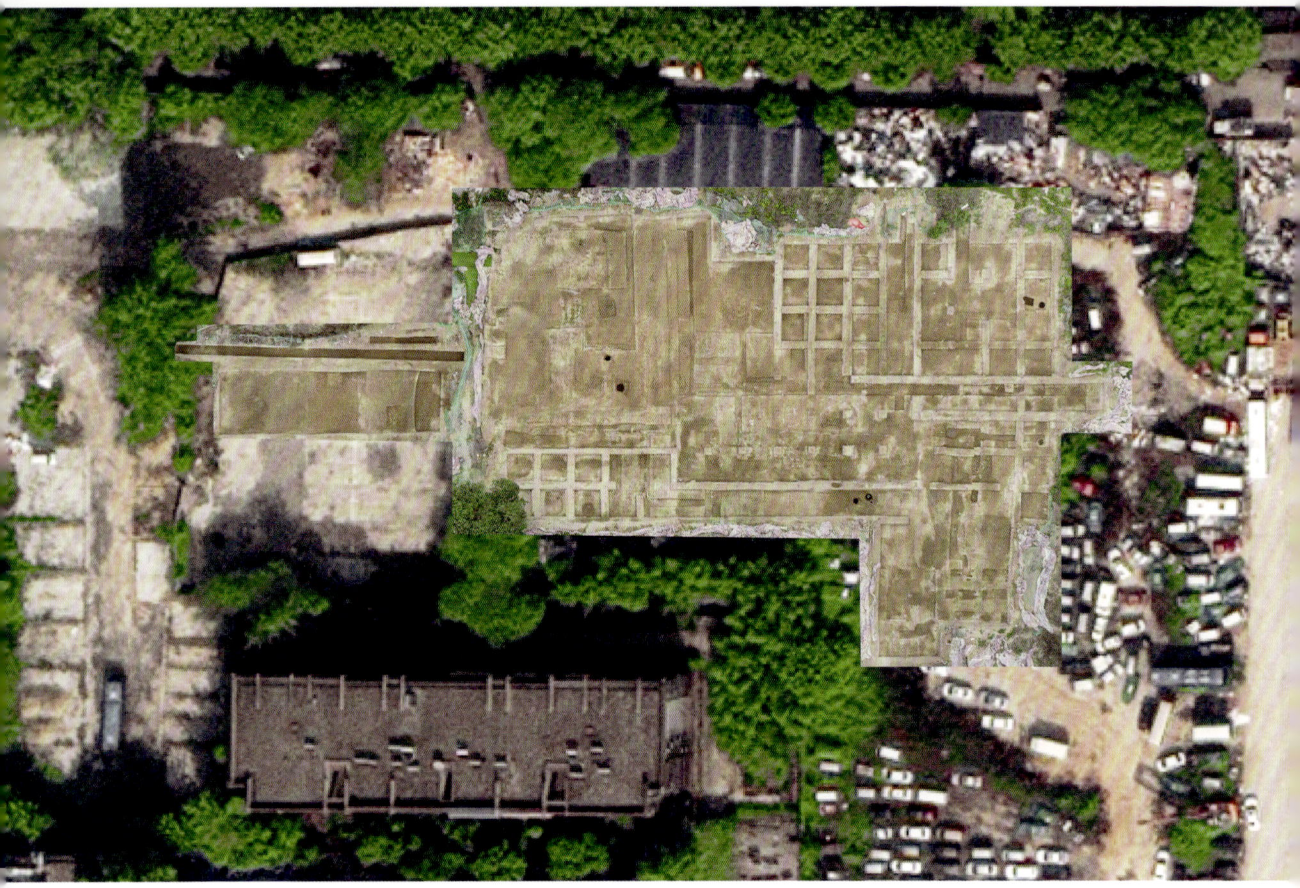

△ 太古里项目发掘正射影像配准

伴随“十四五”时期党和国家对考古工作的高度重视，以及《“十四五”文物保护和科技创新规划》《“十四五”考古工作专项规划》等系列政策的发布，西安市文物保护考古研究院紧跟政策引导，以历年工作成果为基础，以解决文物保护与城市建设的和谐发展为抓手，通过科学分析西安地区的考古工作现状，借助 GIS 及大数据技术，以田野考古学、环境考古学、考古地理信息科学和计量考古学等理论为支撑，利用全息考古空间信息采集技术、大数据技术和地理信息技术，完成构建西安城市考古“一张图”平台，为“城市考古”的深入推进作出了有益的尝试和探索。

这一创新举措改变了文物保护工作的被动模式，将考古与文物保护工作进行了前置；通过将文化遗产保护纳入国土空间规划中，并结合文物大数据的空间分析，实现城市规划过程中的文物预警，有效避让文物空间。同时，该平台还实现了文物信息在规划、国土等部门的分级共享，为构建大西安智慧城市规划建设提供前瞻性预判与决策支持。这一创新性的城市考古模式不仅有助于保护城市的历史文化遗产，也为城市的可持续发展注入新的活力。

▽ 长安里 1912 项目发掘正射影像配准

△ “一张图”平台数据中心

▽ “一张图”平台文献检索功能

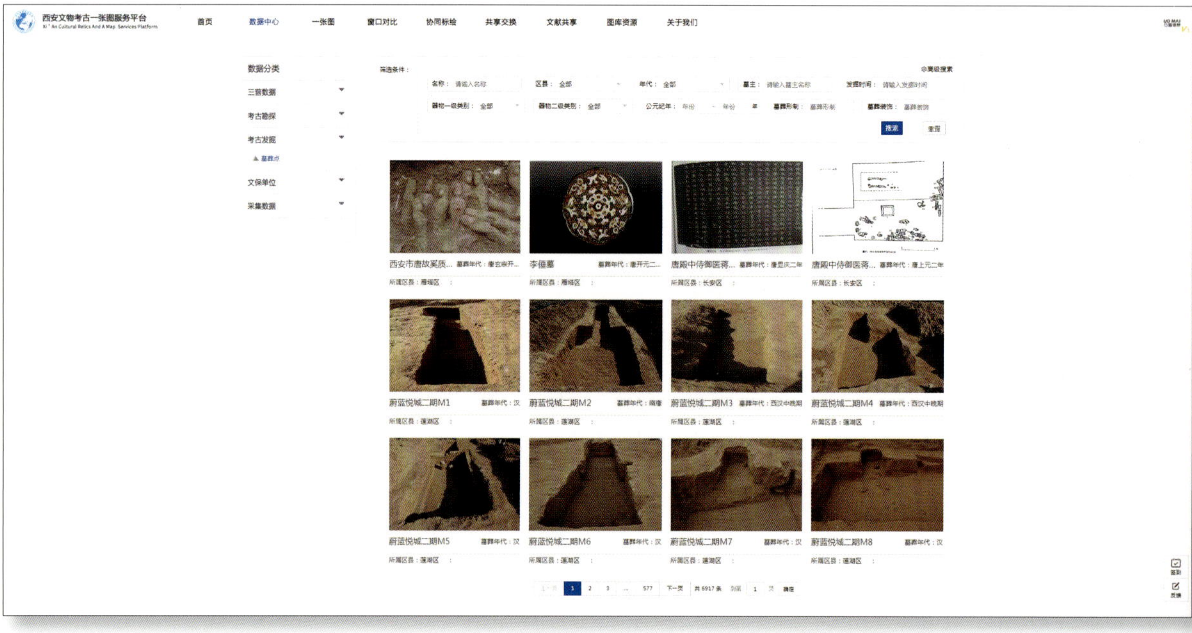

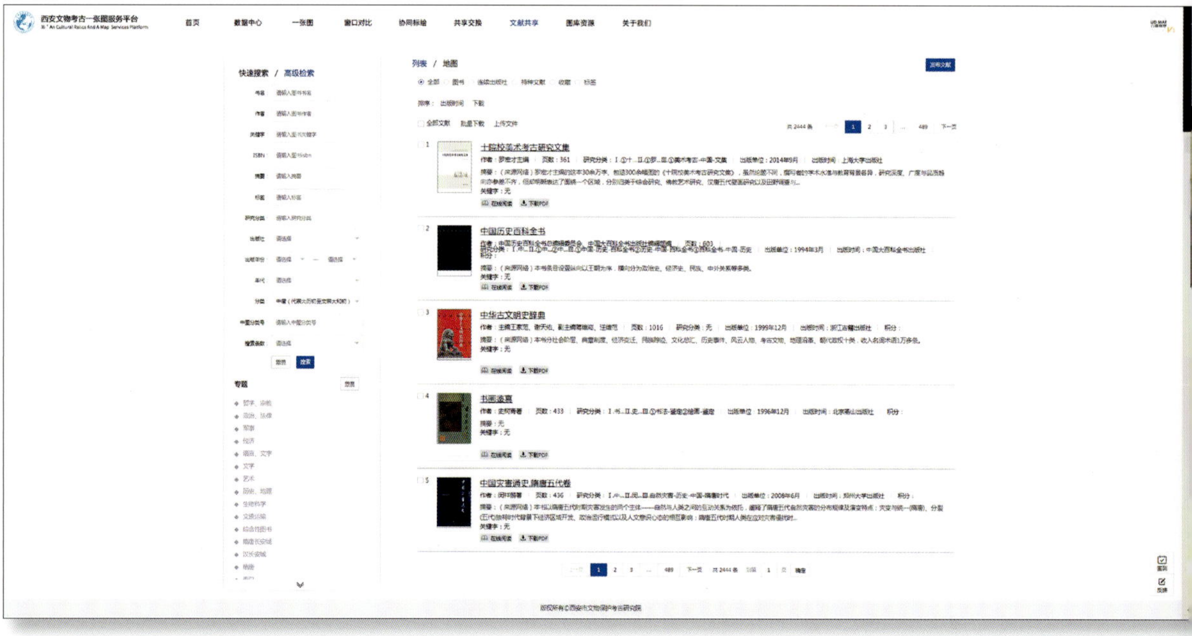

△ "一张图"平台演示

一　平台建设经验与成果

西安城市考古"一张图"平台在建设过程中基于全市统一空间定位参考基准，运用空间信息技术、数据中台、AI 大数据技术等前沿技术，首次搭建了全域（西安市域级别）文物考古"一张图"大数据平台，打破了以往单个遗址、单项业务独立构建数据库系统导致的数据资源孤岛和资源浪费，建立了从数据采集、存储、管理、应用、分析到服务的全流程一体化考古资源管理体系，首次从区域整体思路完成综合信息管理平台的构建。实现从考古数据源头到考古文物数据的全方位挖掘、分析和展示呈现，能够最大限度地保留数据的原真性，并挖掘呈现考古文物数据的科研价值、文化价值、公众展示传播价值，实现从"资料"——"资源"——"数据"——"资产"——"价值"的转化。

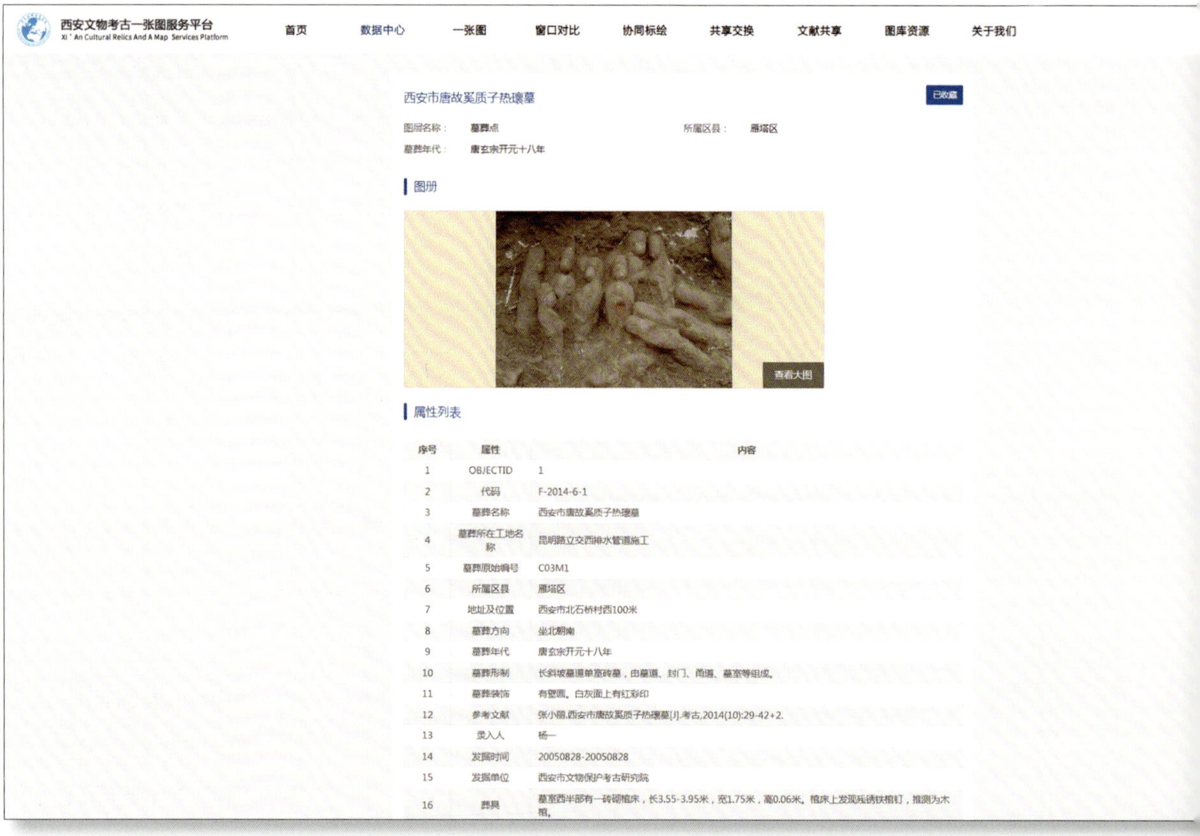

△ 数据中心详情页面

平台在整体技术架构上从总体规划、统一标准、按需定制、开发共享的设计思路出发，实现数据标准统一化、架构设计分层化、功能扩展模块化、数据应用多元化的建设目标，采用统一的标准接口和数据共享规则，通过自有系统与外部平台对接，实现资源互通、共享、统一管理和价值利用，完成分析、管理、决策等方面的辅助管理。

平台通过搜集、分析西安地区近70年考古调查、勘探、发掘及第三次全国文物普查、西安市文物保护规划等相关资料，厘清数据库建设思路，制定数据库标准体系。最终建立包括基础地理、考古调查、考古勘探、考古发掘、文献、历史地图和文物保护单位等内容的系列数据库。

平台明确需求定位，基于西安考古数据库的构建，分别从基础设施层、数据层、组件和服务层、应用层和用户层五个维度进行西安文物考古地理信息平台架构设计，构建西安城市考古“一张图”平台。项目突破关键技术，进行系统功能模块研发，包括：数据录入处理系统、考古数据中心、一张图时空框架系统、模型分析系统、运维管理系统、历史图库系统、文献检索系统和共享交换系统等。基于全市统一城市规划坐标系，实现将各类文物资源和考古数据叠加到一张总图上，实现了一张图地上、地下文物资源管理、考古数据分析和综合应用。

二　平台创新之处

（1）构建了一套多尺度多源异构考古数据集成体系和相关标准体系，为文物数据资源的管理提供新方法。采用全息空间信息技术对考古全流程数据进行记录和数字化赋能，并实现数据存储、管理与动态更新，为文物考古数据资源的管理提供新方法。

（2）平台基于考古全流程生命周期构建考古“业务闭环”和“数据闭环”机制，提升系统应用生命力。通过构建系统，实现考古全流程业务再造，通过数据标准的制定，重塑业务流程，实现“调查→勘探→发掘→整理→研究→保护管理→活化利用”的业务链条，打通数据“采集→管理→利用→维护→更新”的“数据闭环”链条，全面提升系统应用的生命力。以日常考古工作开展及历史工作成果积累为基础，通过整合对比分析所有文物考古数据资源组成结合数字化应用发展需求，制定完成了一套共性较强的城市考古数据库格式与标准，以更加科学的数字化技术促进传统考古工作流程模式的改革与创新。

为城市考古构建“城市考古新范式”，丰富城市考古方法论和城市文化内涵。系统通过构建全市考古一张图，提供多种分析预测功能，为研究者提供全局观察研究视野，使得后续城市考古工作者能够做到心中带着地图去寻找遗迹，变被动配合基本建设考古为主动性、预见性考古工作，为城市考古提供新的实践方法，为城市考古提供普适性实践经验。

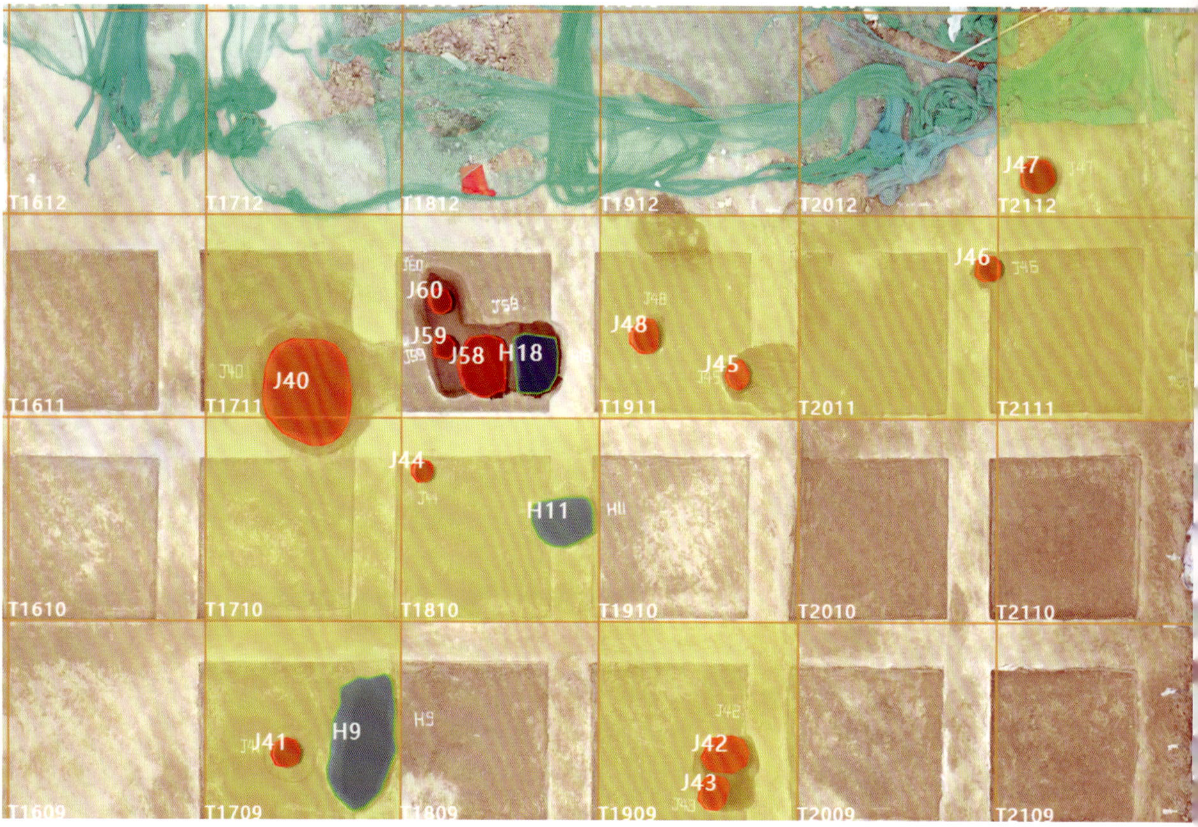

△ 中交一公院项目发掘现场探方及遗迹单位标注

三　配合城市基本建设方面的优势

通过 6 年多的项目实施，形成一系列数据库标准、历史考古资料数字化、关键技术、软件工具平台、系统程序和项目管理运行经验，建成西安城市考古“一张图”平台，在配合城市基本建设的考古工作中展现出极大的优势：

（1）提升田野考古发掘的工作效率，利用数字化采集及录入的方式，更加科学、严谨和符合标准化，可以保证记录信息的不缺失，避免手工填写不规范。考古学的传统发掘方法是依据地层学原理按年代早晚逐层清理，图层分析和空间分析在此就有了用武之地，根据发掘预测图层，提前预判，精准布方，提高效率。

（2）全息化数字采集可为古代遗迹的复原提供更加丰富的资料，以更加宏大的视角去分析整体城市的空间布局，更加关注那些容易被破坏的线性空间，譬如道路交通系统、排水系统、城市防卫系统等，更有助于我们复原古代城市的文化内涵，进而推进城市考古的理论创新，助力考古研究方法论及工作方法的探索。

（3）借助和运用遥感、高精度测量、三维建模、出土文物全信息提取等技术，进一步提高城市考古工作的科学性和规范性，以更加规范与标准的数据资源为支撑，不断增进城市考古的精细化管理。

现阶段，西安城市考古"一张图"平台的成功建设，形成城市考古西安模式，可为同行业相关单位提供经验，有效促进考古行业向信息化、科学化发展的转变与提升。近年来伴随国家文物局相关政策引导及行业专家的意见阐述，新时代下的文物考古发展更加注重"一张图"的建设理念和发展，尤其在配合基本建设的考古工作中，运用"一张图"技术开展相关考古发掘、文物保护及科研产出均具有重大意义。

▽ 小雁塔历史文化街区改造项目遗迹标注

探索区域文化价值与经济建设和谐发展新路径

——以陕西空港新城北周宇文觉墓保护为例

供稿单位 / 陕西省考古研究院
供稿人 / 赵占锐

西安机场三期扩建工程项目发掘现场

西安机场三期扩建工程是陕西省民航发展“头号工程”，是民航局支持建设的全国民航“标杆示范项目”，承载着打造内陆改革开放高地、服务“三个经济”发展的重大使命，肩负着“民航强国、陕西担当”的重大责任。项目包括机场工程、空管工程和供油工程，预计远期航站楼规模将达到 160 万平方米，是集航空、高铁、城际铁路、地铁等多种交通方式于一体的超级交通枢纽。2020 年以来，陕西省考古研究院配合西安机场三期扩建项目开展了大量考古工作，共发掘各类遗迹 6800 余处，出土各类文物 22000 余件（组），发现了大量北周至隋唐时期的高等级墓葬。

在配合机场建设的考古发掘中，在空港新城周陵街道北贺村发现的北周宇文觉墓，是北朝考古的重要发现，是继武帝孝陵之后经考古发掘的第二座北周帝陵，为北周高等级墓葬的地面设施研究提供了重要案例，为北周政治史的研究提供考古证据，为北周其余三座帝陵的分布位置提供了指示信息。

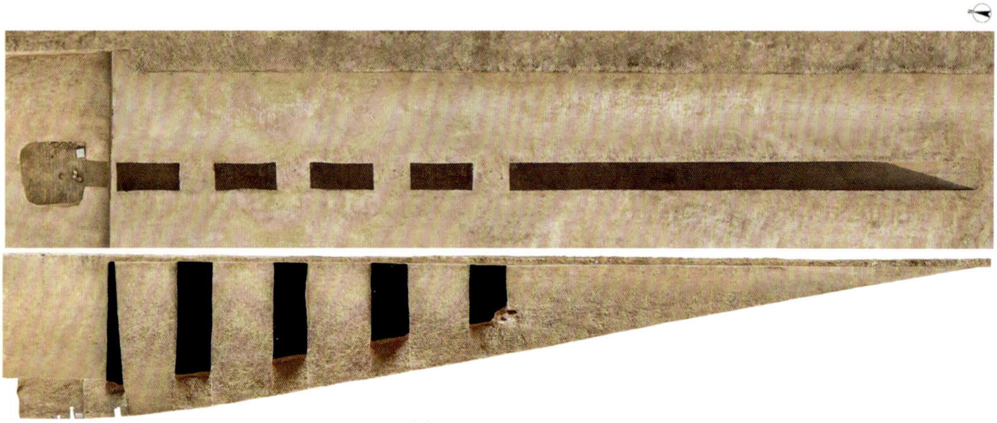

一　考古发掘与研究

宇文觉墓地处咸阳洪渎原，这里是北朝至隋唐时期高等级墓葬的集中分布地，其东北约 1.8 千米曾发掘宇文泰第八子谯王宇文俭墓、第十三子冀国公宇文通墓及宇文泰媵妾权白女、乌六浑显玉墓，东北约 7.8 千米为北周武帝孝陵。

△ 墓葬平、剖面正视图

▽ 发掘现场

经发掘，该墓系带有长方形围沟兆域的墓园，兆沟整体呈南北向长方形，南北长 149.5、东西宽 109.1 米，南沟中间一段长 33.9 米向南凸出 2 米，模拟墓园出入口。墓葬位于沟内中部偏北，为斜坡墓道带四个天井的单室土洞墓，南北水平总长 56.84、墓室底距地表深 10 米，是北周时期常见的中等墓葬规模，这也与墓主下葬时“略阳公”的身份相符合。

该墓葬曾被盗扰破坏，共出土各类随葬遗物 158 件（组），集中放置在墓室东南角及墓室入口处，主要有陶俑、陶动物、陶模型明器、组玉佩及墓志等。墓志放置在墓室东南角，志石方形顶面界格内书四列 15 字：“周故略阳公 / 宇文觉墓 / 二年十月 / 壬申 /”。据志文内容，墓主宇文觉（542 ～ 557 年），即北周开国皇帝孝闵帝，文献记载孝闵帝讳觉，宇文泰嫡长子，九岁（550 年）继承其父略阳郡公封爵，西魏恭帝三年（556 年）成为宇文泰的指定继承人，周元年（557 年）春正月即天王位，当年九月在反对宇文护专权斗争中失败被囚禁，次月被杀，随即其庶长兄宇文毓即位。建德元年

◁ 墓葬、兆沟平面图

▷ 发掘现场

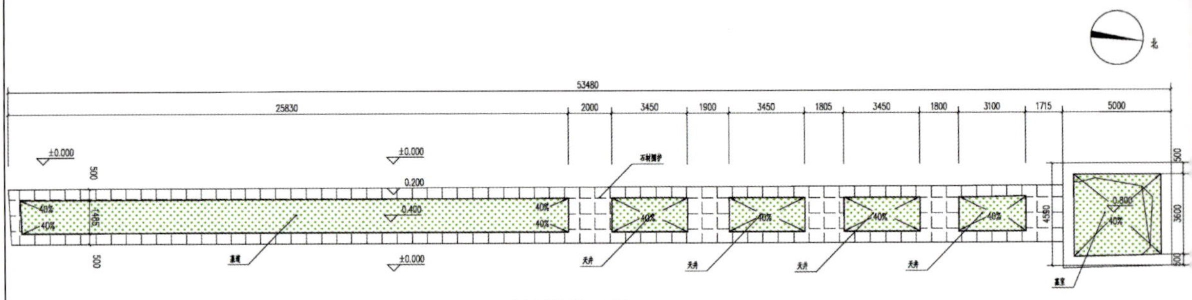

宇文觉墓地面展示平面图 1:100

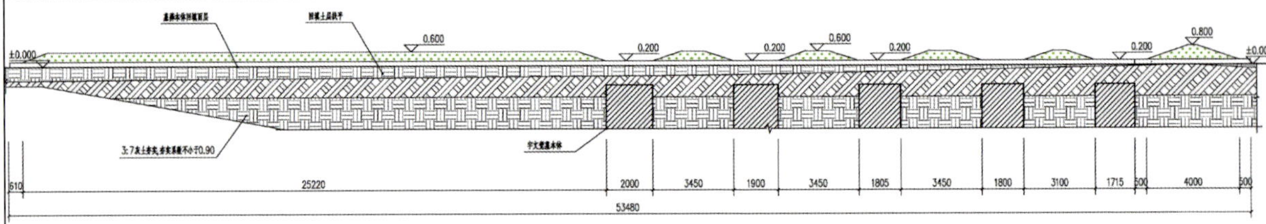

宇文觉墓地面展示剖面图 1:100

注：因基础资料和场地勘察的限制，墓体尺寸存在一定误差，施工时需进行尺寸核实，最后以现场测量为准。

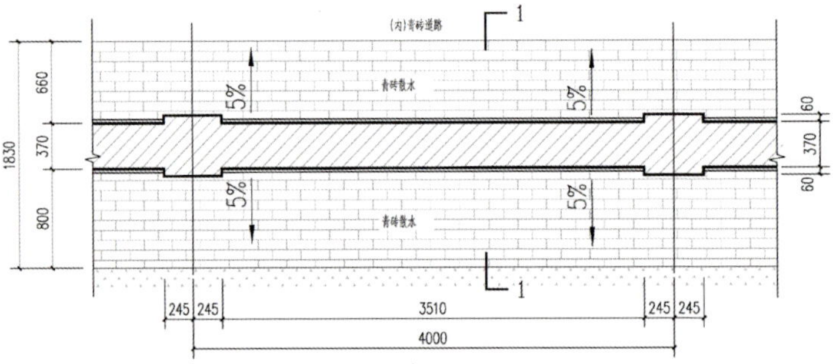

围墙平面图 1:30

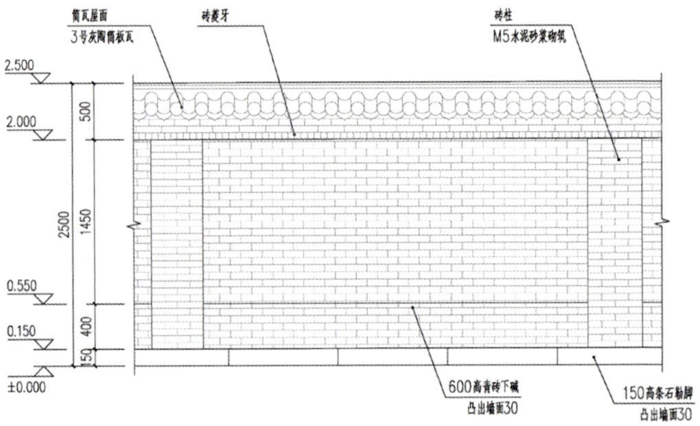

围墙立面图 1:30

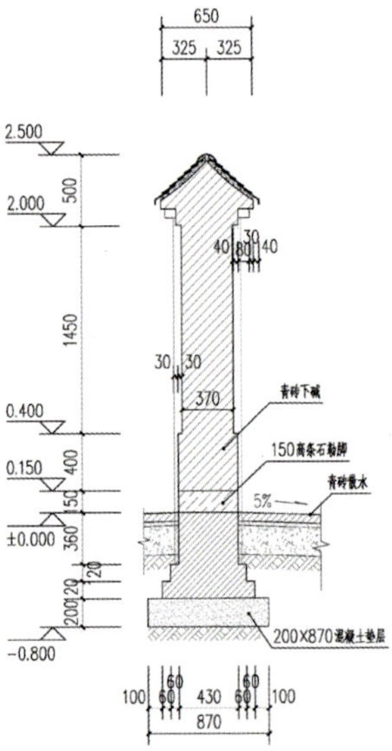

围墙剖面图 1:30

（572 年）三月，周武帝诛杀宇文护，四月庚寅追尊略阳公为孝闵皇帝，遣太师蜀国公尉迟迥于南郊上谥曰孝闵皇帝，陵曰静陵。可知宇文觉政治斗争失败后即被降为“略阳公”，并以此身份埋葬，直至十四年后才被追谥为孝闵皇帝。

宇文觉墓作为北周开国皇帝，其陵墓的发现意义重大，墓主身份一经公开，引起了业内学者、新闻媒体的广泛关注，陕西省考古研究院在第一时间召开新闻发布会，刊布《陕西咸阳北周宇文觉墓发掘简报》，向社会公布考古发掘成果，并组织开展墓葬出土文物、人骨的检测分析和考古学研究，积极推动学界开展相关研究工作。

- 保护展示方案地面剖面展示
- 保护展示方案围墙设计
- 保护展示方案围沟回填展示

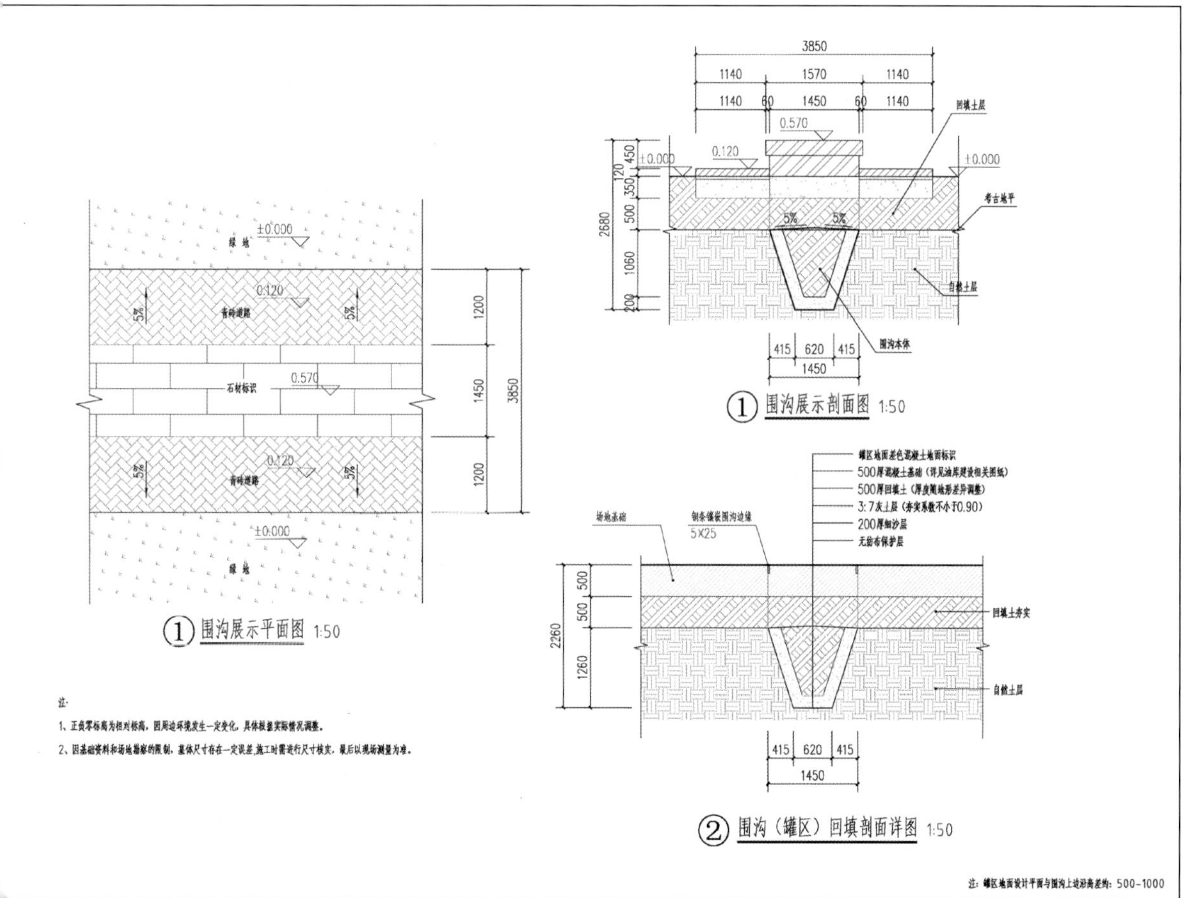

二　墓葬的保护与展示

北周宇文觉墓北侧为机场西立交道路，南侧空港新城规划路网正在进行施工，东侧为机场三期扩建区域，在空港新城规划中该区域承担着重要的商务贸易和物流运输功能。该区域建设关乎国计民生，而北周宇文觉墓历史价值极其重要，如何实现两者的和谐发展尤其关键。

考古发掘完成后，陕西省文物局结合此前空港新城成功实施的唐上官婉儿墓、唐太平公主驸马薛绍墓等保护展示经验，组织陕西省考古研究院、陕西省文化遗产研究院、西咸新区管委会、空港新城文物局和西安咸阳机场三期扩建项目建设方等多家单位召开专门会议，从考古、历史、建筑、文物保护等领域进行讨论，经反复沟通最终决定对该墓进行原址回填保护和地面标识，充分展示其历史、考古等方面的信息，更好地发挥其社会效益，也为空港新城地区实现区域文化价值和经济建设共赢局面开启了新路径。

▽ 提取文物

注：本图中电子展示屏仅做尺寸控制参考

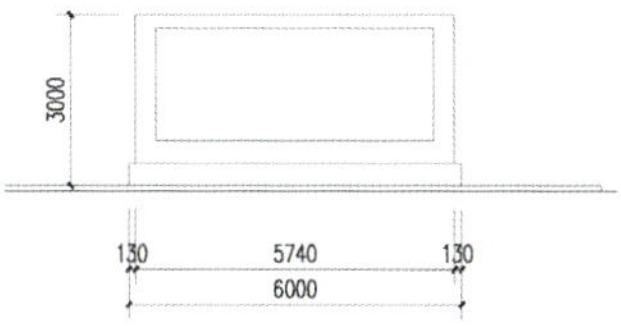

数字信息屏立面尺寸大样图 1:100

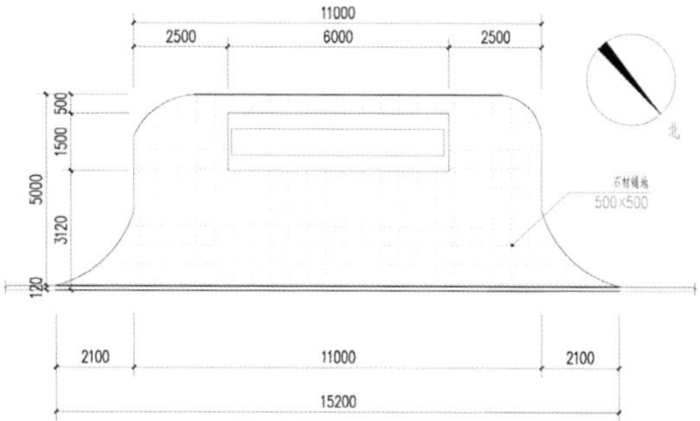

标识展示系统平台平面图 1:100

注：为了更全面地对宇文觉墓遗址进行展示，计划采用LED屏幕的展示形式，将墓主生平简介、陵墓发掘工作开展情况、出土文物影像以及陵墓3D影像等相关资料进行展示介绍。

数字展示屏

数字展示屏

注：LED电子信息屏采购样式应同设计方协商确认。

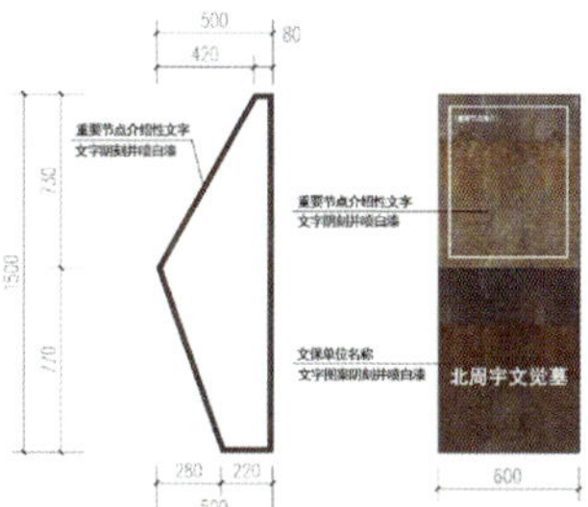

围沟信息标牌

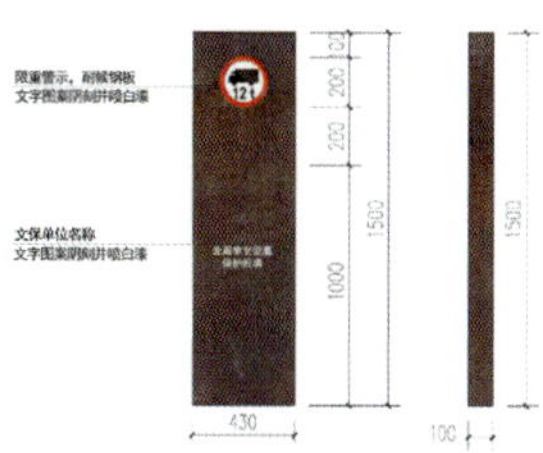

限重警示牌（耐候钢）

警示牌

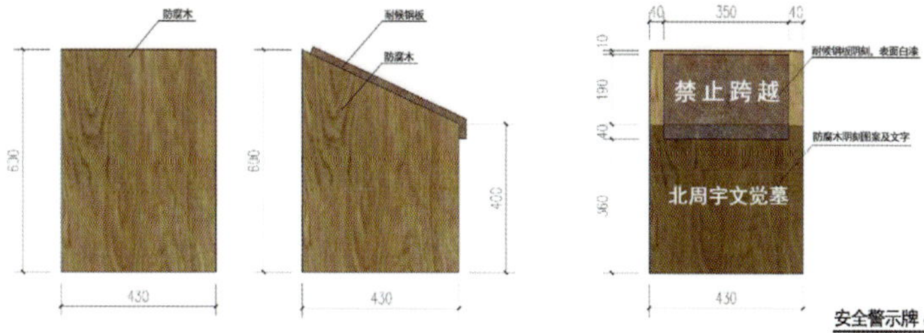

安全警示牌（木质）

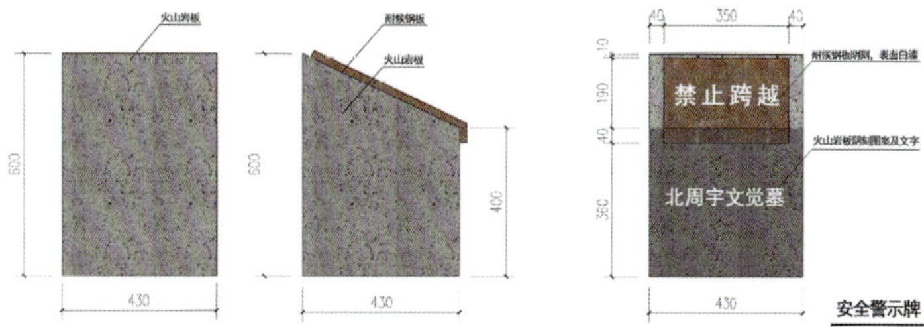

安全警示牌（火山岩板）

宇文觉墓的保护展示坚持完整性和真实性原则，并确保文物安全，对围沟、墓道、墓室等回填保护至现有地表高度，确保墓葬本体安全；在回填之后的地面上建设保护展示平台，对墓室、天井、墓道及北围沟进行原址地面标识，对受建设影响的区域采用不同色彩进行标识，完整展示整个墓葬的形制、布局。整个展示区北高南低，以宇文觉墓本体保护标识为中心向外自然降低，周边种植草皮形成通畅空间，整体呈现出层次分明的立体展示环境。同时，采用 LED 屏幕的展示形式，将墓主生平简介、陵墓发掘工作开展情况、出土文物影像以及陵墓 3D 影像等相关资料进行介绍，完整展示墓葬内

陶持盾俑

陶武士俑

陶骑马吹奏俑

鎏金铜腰带构件

涵。而在墓葬保护区域与周边规划建设的机场油罐区依照区域防火要求设置青砖隔离墙，消防路面区域涉及的围沟部分在道路表面用彩色混凝土进行标识，保证墓葬的绝对安全。

北周宇文觉墓的保护展示，不仅严格保护了墓葬本体和整体格局，准确充分揭示遗址的价值和历史信息，还通过多场景展示手段，展示遗产价值及其承载要素，在兼顾教育、游览、休闲和生态等多项功能的同时，也实现了该区域在空港新城规划中商务贸易和物流运输功能，最大限度谋求遗产保护与周边区域统筹协调发展，更好地实现遗址可持续保护利用。

陶骆驼

釉陶四系瓶

陶人面镇墓兽

千年古墓，映照悠悠龟兹

——库车友谊路墓群基建考古案例

供稿单位 / 新疆维吾尔自治区文物考古研究所

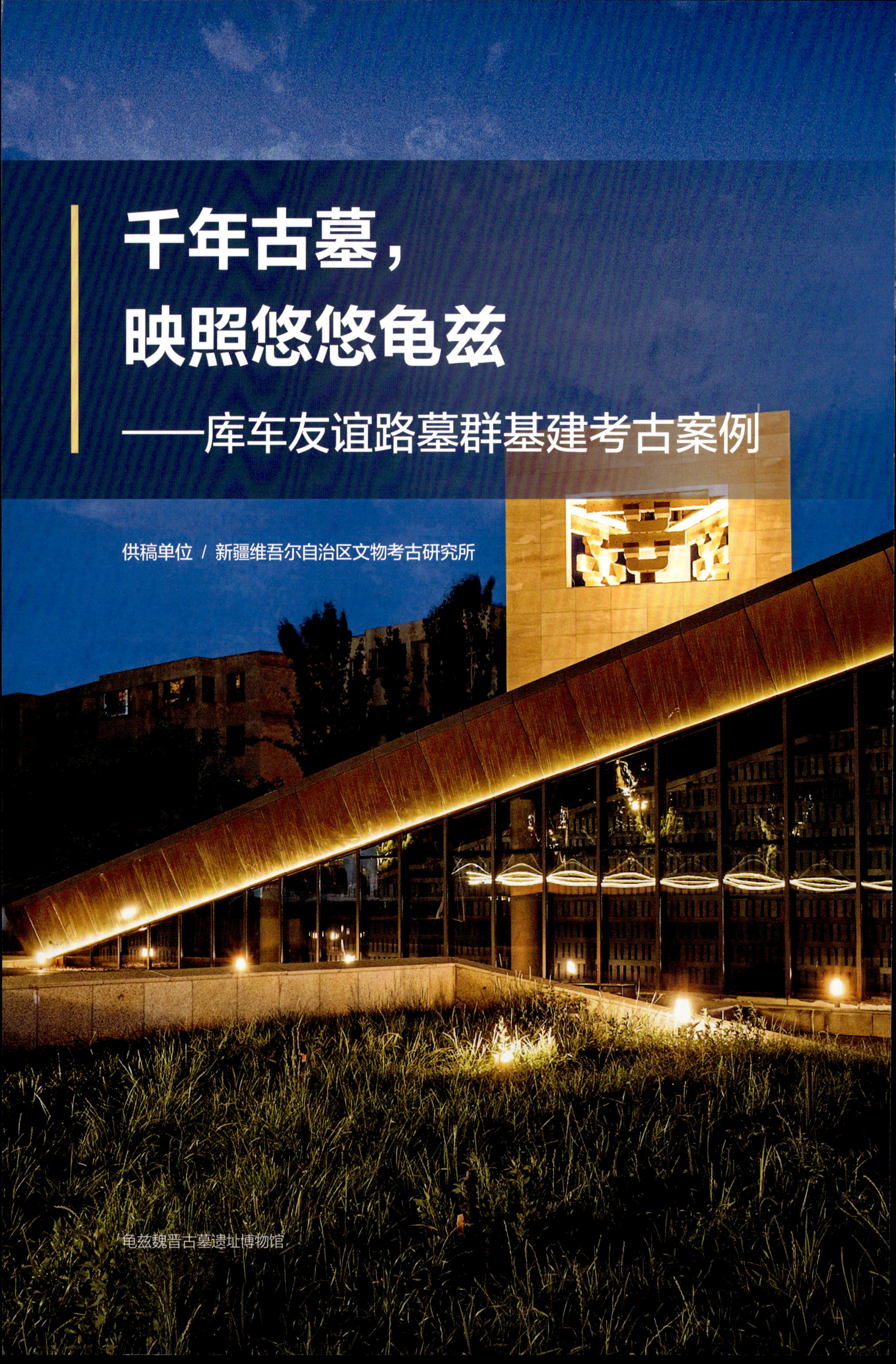

龟兹魏晋古墓遗址博物馆

库车友谊路墓群位于新疆维吾尔自治区阿克苏地区库车市（原库车县）新城区与乌恰镇结合部友谊路南段，西距龟兹故城东墙百余米。该墓群于 2007 年在友谊路地下街建设过程中被发现，同年新疆维吾尔自治区文物考古研究所对该墓群进行了第一次考古发掘，发掘成果获评“2007 年度全国十大考古新发现”。此后又陆续开展了多次考古发掘工作，不仅清理出大量魏晋—元明时期墓葬，还发现了龟兹故城东墙及护城河等。

与考古发掘同步，库车市启动了库车友谊路墓群保护性设施建设，新疆维吾尔自治区文物考古研究所也不断结合最新考古成果，为设计、施工提供专业建议，在多方合作努力下建成龟兹魏晋古墓遗址博物馆，充分利用古墓群的原貌进行文化遗产的活化展示，向公众正确、有效地普及历史文化知识。

一　发掘成果

库车友谊路墓群自2007年被发现，历经多次考古发掘，共清理古墓葬近1700座，出土遗物2000余件。其中的魏晋十六国砖室墓群是新疆地区唯一一处砖室墓群，墓葬形制特征与河南、山东、陕西、甘肃等地汉晋时期的砖室墓基本相同，墓室照墙模仿住宅照壁而建，其仿木斗拱、熊力士砖等均与内地墓葬相似。同时还发掘清理了一大批不同类型的中小型墓葬，墓葬中大量发现有"握钱"现象，以及汉五铢钱、剪轮五铢和龟兹本地货币共存现象，展现出中原文化与龟兹本地文化深度融合的特征。

△ 发掘区

此外在唐代地层和遗迹中出土了"开元通宝""乾元重宝""大历元宝""建中通宝"等大量唐代货币，这些遗迹遗物共同见证了历史上中原王朝对西域地区的有效管辖，针对库车友谊路墓群的考古发掘和研究，对阐明古代中央政权对西域的管理及西域各城郭之间的政治、经济、文化关系有重要价值。

二　保护与阐释利用

为更好地保护、研究和展示这一珍贵历史文化遗产，在新疆维吾尔自治区文物局、阿克苏地区和库车市的共同努力下，历经 4 年多的时间，建成了新疆首座地下古墓遗址博物馆，展厅面积约 4259 平方米，完整展示了 15 座砖室墓的原貌。

该墓群位于库车核心城区内，博物馆的展示区位于地下 7 ~ 9 米深的位置，建设难度较大。在项目设计和建设阶段，新疆维吾尔自治区文物考古研究所依据发掘的砖室墓及考古成果，借鉴国内外遗址、古墓博物馆设计经验为保护展示建言献策，协同当地政府积极申请将友谊路新发掘墓葬纳入博物馆建设保护范围。

▽ 发掘区

◁ 1号墓

▽ 龟兹魏晋古墓遗址博物馆

在地下古墓博物馆设计建设过程中，始终坚持保护第一的设计理念，具体措施做到可逆、可识别。在阐释利用方面，充分利用“考古遗址＋数字化”的现代化手段，通过数字云展览、VR体验、纱帘投影、交互式屏幕等手段，突出展示砖室墓葬的结构、建筑特征和文化特点，深入挖掘其内在价值。在展现时以墓室为核心，把墓群的整体空间布局、出土遗物、相关历史信息、保护修缮的技术

▷ 2号墓

▷ 12号墓

与成果，都纳入到“展品”的范围，从不同维度进行阐述，生动还原古龟兹地区文化习俗和生活风貌，让观众“沉浸式”感受文物魅力。

通过对考古成果展示利用，以实物讲好新疆故事，将保护与开发有效衔接，让沉睡了千年的珍贵历史文化遗产重新活起来，对深入开展文化润疆工程、铸牢中华民族共同体意识有着积极意义。

△ 游客参观

三　经验总结

新疆维吾尔自治区文物考古研究所按照“保护第一、加强管理、挖掘价值、有效利用、让文物活起来”总方针，在考古发掘过程中，注重对古墓进行原址保护加固，为后续建设龟兹魏晋古墓遗址博物馆奠定了基础。在博物馆建设过程中，积极与项目设计方对接，不断更新优化博物馆后续设计方案，不仅对过往的发掘成果进行科学阐释，还为今后的墓葬陈设预留空间。在四次发掘中，不断学习并利用新技术手段来辅助发掘与记录，这些新技术手段的运用也为保护和展示该墓群提供了重要支撑。

▽ 展示柜

◁ 展厅

库车友谊路墓群是新疆地区考古发掘成果原址利用展示的范例，为新疆考古如何活化利用提供了大量可参照的经验。在其他发掘项目中，新疆维吾尔自治区文物考古研究所结合库车友谊路墓群发掘经验，综合考虑文物活化展陈利用，及时有效抢救了一批珍贵历史文化遗产。同时努力通过库车友谊路墓群发掘成果讲好中国故事、让其发挥以史育人的作用，助力文化润疆工程，铸牢中华民族共同体意识，巩固各民族大团结，推进“一带一路”人文交流，展示中华文明风采，弘扬中华优秀传统文化，为实现中华民族伟大复兴的中国梦作出新的更大贡献。

▽ 游客参观